Holt French 3

Cahier d'activités

HOLT, RINEHART AND WINSTON
A Harcourt Education Company
Orlando • Austin • New York • San Diego • London

Contributing writer
Annick Penant

Reviewer
Dana Chicchelly

Printed in the United States of America

ISBN 978-0-03-0920370
ISBN 0-03-092037-X

9 10 170 12 11 10

Table of Contents

France

Chapitre 1

Vocabulaire 1/Grammaire 1 1
Culture 4
Vocabulaire 2/Grammaire 2 5
Lecture 8
Révisions cumulatives 9

Chapitre 2

Vocabulaire 1/Grammaire 1 11
Culture 14
Vocabulaire 2/Grammaire 2 15
Lecture 18
Révisions cumulatives 19

Afrique francophone

Chapitre 3

Vocabulaire 1/Grammaire 1 21
Culture 24
Vocabulaire 2/Grammaire 2 25
Lecture 28
Révisions cumulatives 29

Chapitre 4

Vocabulaire 1/Grammaire 1 31
Culture 34
Vocabulaire 2/Grammaire 2 35
Lecture 38
Révisions cumulatives 39

Amérique francophone

Chapitre 5

Vocabulaire 1/Grammaire 1 41
Culture 44
Vocabulaire 2/Grammaire 2 45
Lecture 48
Révisions cumulatives 49

Chapitre 6

Vocabulaire 1/Grammaire 1 51
Culture 54
Vocabulaire 2/Grammaire 2 55
Lecture 58
Révisions cumulatives 59

Europe francophone

Chapitre 7

Vocabulaire 1/Grammaire 1 61
Culture 64
Vocabulaire 2/Grammaire 2 65
Lecture 68
Révisions cumulatives 69

Chapitre 8

Vocabulaire 1/Grammaire 1 71
Culture 74
Vocabulaire 2/Grammaire 2 75
Lecture 78
Révisions cumulatives 79

Outre-mer

Chapitre 9

Vocabulaire 1/Grammaire 1 81
Culture 84
Vocabulaire 2/Grammaire 2 85
Lecture 88
Révisions cumulatives 89

Chapitre 10

Vocabulaire 1/Grammaire 1 91
Culture 94
Vocabulaire 2/Grammaire 2 95
Lecture 98
Révisions cumulatives 99

Si tu étais... activities

Chapitre 1 102
Chapitre 2 104
Chapitre 3 106
Chapitre 4 108
Chapitre 5 110
Chapitre 6 112
Chapitre 7 114
Chapitre 8 116
Chapitre 9 118
Chapitre 10 120
En résumé 122

Nom ______________________ Classe __________ Date ______________

Retour de vacances

CHAPITRE 1

VOCABULAIRE 1/GRAMMAIRE 1

1 Olivier rencontre un copain le jour de la rentrée et ils discutent ensemble. Relie les phrases pour savoir ce qu'ils disent.

_____ 1. Qu'est-ce que tu suis comme cours cette année?

_____ 2. Pourquoi ne suivrais-tu pas le cours de français avec moi?

_____ 3. Qu'est-ce que tu fais ce week-end?

_____ 4. Tu aimes toujours jouer au tennis?

_____ 5. Tu peux jouer ce soir après les cours?

_____ 6. Et samedi?

a. Rien de spécial.
b. D'accord. On peut jouer à midi.
c. Je ne sais pas, je n'arrive pas à me décider.
d. Désolé, je n'ai pas le temps aujourd'hui.
e. Bien sûr!
f. Bonne idée!

2 Dis ce que ces personnes aiment faire après les cours ou le week-end.

Thomas

Serge

Anne et Émilie

Jeanne et ses copains

1. ____
2. ____
3. ____
4. ____

3 Complète les phrases en mettant les verbes entre parenthèses au présent.

1. Le matin, ma sœur et moi ____________________ (prendre) le bus à 8 heures.
2. Nous ____________________ (grossir) parce que nous ____________________ (manger) trop de frites à la cantine.
3. Mes amis ____________________ (adorer) le cours de maths, mais moi, je ____________________ (préférer) le cours de musique.
4. Tu ____________________ (finir) les cours à 5 heures.
5. À la sortie, j' ____________________ (attendre) mes amis et je ____________________ (aller) à la piscine avec eux.

Nom ______________________ Classe ____________ Date ____________

4 Dans quels endroits fait-on les choses suivantes? Écris les mots de vocabulaire en te basant sur les définitions suivantes. Ensuite, retrouve ces mots dans le puzzle.

1. On a cours de physique-chimie et de biologie dans le ____________.
2. On peut emprunter des livres au ____________.
3. Il y a vingt ordinateurs dans la salle d' ____________.
4. À midi, les élèves déjeunent à la ____________.
5. On fait du sport trois fois par semaine dans le ____________.
6. Nous suivons les cours de français et d'histoire dans cette salle de ____________.
7. Souvent après les cours, je vais voir un film au ____________.

L	A	B	O	R	A	T	O	I	R	E	W	C
U	M	I	X	Y	Z	O	T	N	E	P	X	L
V	É	B	I	Q	S	H	P	F	A	O	G	A
A	N	L	A	X	M	W	I	O	Z	P	O	S
I	I	I	N	K	É	O	E	R	U	K	G	S
C	C	O	W	U	E	G	Y	M	N	A	S	E
K	A	P	H	T	I	D	Z	A	B	W	I	Q
L	I	H	A	U	C	A	N	T	I	N	E	Z
M	D	I	C	D	O	Y	V	I	C	F	H	U
O	T	L	I	G	O	U	W	Q	F	H	J	V
R	K	E	I	Q	C	P	M	U	O	G	X	C
A	P	E	P	O	N	A	S	E	M	A	Q	I

Écris un petit paragraphe en utilisant les mots précédents pour raconter la rentrée ou décrire ton école.

____

____

____

____

____

____

Nom ______________________ Classe ____________ Date ____________

5 Écris ton emploi du temps. Sur la dernière ligne, indique une activité extra-scolaire que tu fais régulièrement et l'heure à laquelle tu la fais.

	lundi	**mardi**	**mercredi**	**jeudi**	**vendredi**
8h					
9h					
10h					
11h					
12h					
13h					
14h					
15h					
16h					
17h					
h					

Réponds aux questions suivantes.

1. Tu as cours de quelle heure à quelle heure le lundi? ____________
2. Quels cours suis-tu le jeudi? ____________
3. Quelle est ta matière préférée? ____________
4. Qu'est-ce que tu fais après les cours le vendredi? ____________
5. À quelle heure vas-tu à la cantine le midi? ____________

6 Complète la conversation entre Julien et Coralie.

Julien Tu (1) ____________ (venir) au cinéma avec nous ce soir?

Coralie Je (2) ____________ (être) désolée. Je (3) ____________ (devoir) aller à mon cours de piano.

Julien Tu (4) ____________ (suivre) des cours depuis longtemps?

Coralie Non, je (5) ____________ (jouer) du piano depuis six mois.

Julien Oh, je (6) ____________ (aller) être en retard! Au revoir.

7 GÉOCULTURE Décide si les phrases suivantes sont vraies **(v)** ou fausses **(f).**

_________ 1. La Corse est une île située dans la Méditerranée et c'est là qu'est né Napoléon Bonaparte.

_________ 2. Au XIVe siècle, les papes ont résidé à Avignon pendant près de 70 ans.

_________ 3. Les grottes de Lascaux sont réputées pour leur gastronomie et leurs produits exotiques.

_________ 4. C'est de la ville d'Annecy que partent toutes les expéditions pour le Mont-Blanc.

_________ 5. La culture, l'architecture et la cuisine de Strasbourg reflètent l'influence espagnole.

_________ 6. Biarritz est le rendez-vous des skieurs alpins et des patineurs.

8 FLASH CULTURE Réponds aux questions suivantes.

1. Quels sont les deux choix donnés aux élèves de quinze ans en France?

____

2. Qu'est-ce que c'est le bac?

____

3. Quelle est la moyenne requise pour réussir au bac?

____

4. Que font les adolescents français pendant les vacances?

____

9 COMPARAISONS Si tu veux devenir moniteur de ski ou de tennis (ou tout autre sport) en France, qu'est-ce que tu dois faire?

____

____

____

____

____

____

____

Nom ______________________ Classe ____________ Date ______________

Retour de vacances

CHAPITRE 1

VOCABULAIRE 2/GRAMMAIRE 2

10 Complète les phrases suivantes. Ensuite, fais les mots croisés.

L'été dernier, on est allé au bord de la (1) ____________________ pour passer une semaine à la plage. Mais, les hôtels étaient trop chers. Alors, on a décidé de (2) ____________________ sur la plage. Tous les soirs, Benjamin montait notre (3) ____________________ et on faisait un feu de camp. Une fois, nous avons décidé d'aller à la (4) ____________________. J'ai attrapé un gros (5) ____________________ que nous avons mangé. Nous avons aussi fait une randonnée ce jour-là. Il faisait très chaud et on avait très soif. Heureusement, nous avions nos (6) ____________________ pleines d'eau!

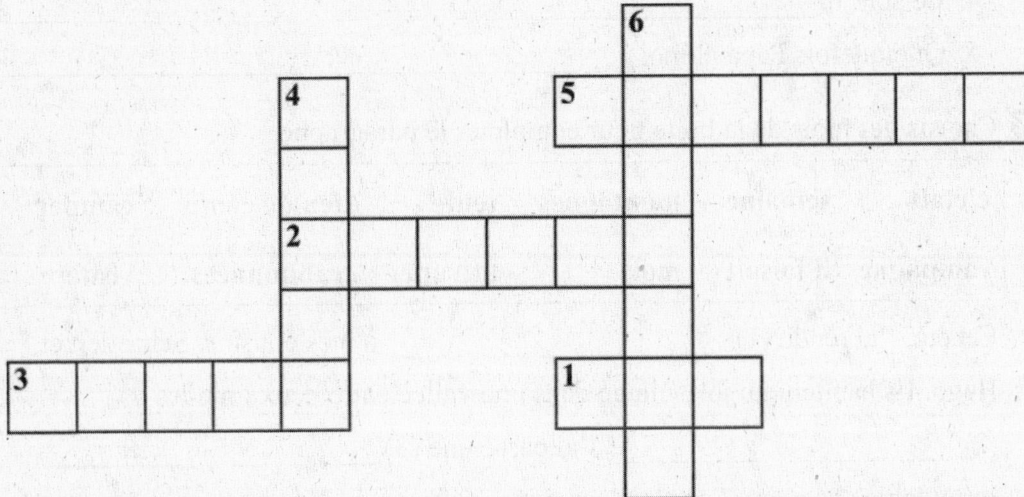

11 Fais une liste des articles que ces personnes doivent emporter pour faire les activités suivantes.

1. Antoine va faire une randonnée en montagne.

   ____

2. Sylvie va à la pêche dans un endroit où il y a beaucoup de moustiques.

   ____

3. Amélie part en vacances au bord de la mer.

   ____

4. Bruno et moi, nous allons camper.

   ____

12 Regarde les images et complète les phrases pour dire ce que chacun a fait pendant les vacances.

1. 2. 3. 4. 5.

1. Tous les jours, je ______________________.
2. L'après-midi, Martin ______________________.
3. Les week-ends, Paul et Marc ______________________.
4. Le soir, tu ______________________.
5. Quelquefois Papa et moi ______________________.

13 Choisis des mots de la boîte pour compléter le paragraphe.

c'était	**semaine**	**montagnes**	**tente**	**feu de camp**	**camper**
campagne	**il faisait**	**mois**	**attraper**	**randonnées**	**visite**

Cet été, j'ai rendu (1) ______________________ à mes cousins, Sébastien et Hugo. Ils habitent un joli village dans une vallée entre deux grandes (2) ______________________. J'ai passé une (3) ______________________ formidable avec eux. Tous les jours, nous faisions du vélo ou des (4) ______________________ dans la (5) ______________________. Un soir, nous avons décidé d'aller au lac près de chez eux pour (6) ______________________. (7) ______________________ très beau quand nous sommes arrivés au bord du lac. On n'avait même pas besoin de monter la (8) ______________________. Tout le monde a décidé qu'on pouvait dormir à la belle étoile et si quelqu'un avait froid pendant la nuit, il pouvait dormir devant le (9) ______________________. Puis, nous sommes allés à la pêche pour (10) ______________________ des poissons pour le dîner. Je ne vais jamais oublier ce soir-là. J'ai tellement bien mangé! Et, j'ai aussi très bien dormi!

VOCABULAIRE 2/GRAMMAIRE 2

14 Lis les commentaires et dis quel dessin correspond à chaque commentaire.

a.

b.

c.

_____ 1. Sylvie avait trop de travail. Elle a dû étudier au CDI tout le week-end.

_____ 2. Julie et Sylvain n'étaient pas d'accord. Julie voulait étudier, mais Sylvain voulait voir un film.

_____ 3. Jérôme a raté le bus. Alors, il est parti à l'école en skate.

15 Mets les verbes entre parenthèses au passé composé ou à l'imparfait.

1. Les étudiants ______________________ quand le prof ______________________. (parler / entrer)
2. Le portable d'Élodie ______________________ quand nous ______________________ la leçon. (sonner / écouter)
3. Il ______________________ froid quand les élèves ______________________ de l'école. (faire / sortir)
4. Quand nous ______________________ le bus, il ______________________. (prendre / neiger)
5. Quand Théo ______________________ chez lui, sa petite sœur ______________________ la télé. (arriver / regarder)

16 Dis ce que ces gens faisaient quand quelque chose est arrivé. Utilise l'imparfait et le passé composé.

1. ____
____
____
____

2. ____
____
____
____

Charlemagne et l'école

Charlemagne, qui est devenu roi (*king*) en 761 et qui a été sacré empereur en 800, était à la tête d'un vaste empire. Cet homme, passionné par le calcul et l'astronomie, ne savait pourtant pas lire et il devait mettre sur tous les documents officiels un monogramme au lieu de sa signature. Alors, il a décidé que tout le monde devait apprendre à lire et à écrire.

À l'époque, très peu de personnes savaient lire dans son empire. Par un édit de 789, il a déclaré que les fils de condition modeste et les fils bien nés devaient aller à l'école. De nombreuses écoles, uniquement pour garçons, ont été créées. Dans son palais, Charlemagne recevait les fils de nobles, mais également les garçons du peuple les plus méritants *(gifted)*. L'entrée en classe se faisait vers l'âge de 7 ans. Les élèves apprenaient le calcul, le latin et la grammaire. Les meilleurs élèves recevaient un enseignement supérieur donné dans les monastères où de nouvelles matières étaient enseignées (géométrie, astronomie...). L'école était gratuite.

17 Réponds aux questions suivantes.

1. Qui était Charlemagne?

 ____

2. Pourquoi est-ce que Charlemagne n'écrivait pas sa signature sur les documents officiels?

 ____

3. Pourquoi est-ce que Charlemagne a créé des écoles?

 ____

4. Qui devait aller à l'école?

 ____

5. Quelles matières est-ce que les élèves apprenaient à l'école?

 ____

6. Qui recevait un enseignement supérieur? Qu'est-ce qu'on étudiait?

 ____

Nom ______________________ Classe __________ Date __________

RÉVISIONS CUMULATIVES

18 Regarde les images et écris deux phrases qui expliquent ce que Ronan et sa famille ont fait pendant les vacances. Écris une phrase au passé composé et une phrase à l'imparfait.

1. moi, Ronan

2. mon frère et moi

3. ma sœur, Claudette

1. ____
____

2. ____
____

3. ____
____

19 Écris un e-mail à un(e) ami(e) sur la rentrée. Dis-lui ce que tu aimes et ce que tu n'aimes pas dans ton emploi du temps cette année. Parle-lui aussi de tes profs et de tes nouveaux copains.

____
____
____
____
____
____
____
____
____
____
____
____
____

Nom _______________ Classe _______________ Date _______________

20 En te basant sur l'image, décris les vacances de cette famille. Dis où ils sont allés, ce qu'ils ont fait et comment ça s'est passé.

____

____

____

____

____

____

____

21 Fais une comparaison de tes dernières vacances avec celles de ton enfance. Dis où tu es allé(e) et ce que tu as fait cette année. Puis, parle des vacances que tu passais avec ta famille quand tu étais petit(e). Dis ce que tu aimais faire quand tu étais plus jeune et ce que tu préfères faire maintenant.

____

____

____

____

____

____

____

____

____

____

Nom ______________________ Classe ____________ Date ______________

Le monde du travail

CHAPITRE 2

VOCABULAIRE 1/GRAMMAIRE 1

1 Lis la description et retrouve leur métier en mettant les lettres qui te sont données dans le bon ordre.

description	lettres	métier
1. Il crée des programmes informatiques.	foniractienim	
2. Elle travaille dans les champs.	itarugirclec	
3. Léa adore les chats, alors elle les soigne.	étivinérrea	
4. La mode, c'est son truc et elle fait des robes super.	toucèriuer	
5. Il passe ses week-ends à réparer sa voiture.	écacinemin	
6. Luc adore chanter.	hacenutr	
7. Elle aime voyager et parle plusieurs langues.	petrintère	

2 Mme Martin a besoin d'aide. Lis les phrases et dis qui elle doit appeler.

1. Son manuel d'ordinateur est en japonais.

   ____

2. Elle divorce.

   ____

3. Son chemisier en soie est sale.

   ____

4. Elle n'a pas le temps de préparer un gâteau d'anniversaire pour sa fille.

   ____

3 Dis ce que les gens suivants font comme métier.

M. Fontaine

Mme Champlain

Marina

1. ______________________________________
2. ______________________________________
3. ______________________________________

4 Chloé et ses ami(e)s discutent de ce qu'ils feront plus tard. Complète leur conversation avec des noms des métiers.

Sylvie Je serai (1) ______________________. Comme ça, je suis sûre que je mangerai toujours des bons gâteaux!

Florian J'adore jouer de la guitare. Ça me plairait d'être (2) ______________________ dans un groupe de rock.

Fabien Moi, c'est la cuisine qui me plaît! Je voudrais être (3) ______________________ un jour.

Cassandre J'aime beaucoup les livres. J'aimerais être (4) ______________________ et avoir mon propre magasin.

Nina La santé, c'est très important. Je veux aider les autres. Je voudrais être (5) ______________________.

Chloé Mon rêve, c'est de reprendre la ferme de mes parents et de vivre à la campagne. Je serai (6) ______________________.

5 Caroline et ses amies sont dans le bureau du conseiller d'éducation. Regarde les illustrations. Qu'est-ce que le conseiller leur dit? Quels métiers est-ce qu'elles devraient choisir.

Caroline ____

____

____

Anne ____

____

____

Stéphanie ____

____

____

6 À qui fais-tu appel pour faire faire les choses suivantes? Retrouve le nom des professions qui correspond aux définitions.

HORIZONTAL

4. faire nettoyer une cravate
5. faire faire un gâteau
7. faire faire une robe

VERTICAL

1. faire réparer le robinet
2. faire soigner son chat
3. se faire couper le cheveux
6. faire réparer sa voiture

7 Réponds aux questions suivantes avec des phrases complètes.

1. Qu'est-ce que tu as l'intention de faire après le lycée?

   ____

2. Qu'est-ce que tu comptes faire comme métier?

   ____

3. Qu'est-ce que tu dois faire pour exercer ce métier?

   ____

4. Quels sont tes autres projets d'avenir?

   ____

8 GÉOCULTURE Dis si les phrases suivantes sont vraies (**v**) ou fausses (**f**).

_______ 1. Vercingétorix était un général romain qui a envahi la Gaule.

_______ 2. François Ier a fait découvrir la renaissance italienne aux Français.

_______ 3. Léonard de Vinci a passé les dernières années de sa vie en Italie.

_______ 4. La devise du premier gouvernement révolutionnaire en 1792 était: *Liberté, royauté, fraternité.*

_______ 5. Louis XVI et Marie-Antoinette ont été guillotinés.

9 FLASH CULTURE Complète chaque phrase logiquement.

_____ 1. La semaine de travail est limitée...

_____ 2. Il y a onze...

_____ 3. La loi impose cinq semaines...

_____ 4. Le droit de grève est...

_____ 5. La population active est...

_____ 6. La France est le second pays exportateur...

_____ 7. Seulement 4,3% de la population active travaille...

_____ 8. L'ANPE est un organisme qui centralise...

a. reconnu depuis 1946.
b. de produits agricoles.
c. jours fériés par an.
d. les offres et les demandes d'emploi.
e. de congés payés.
f. dans le secteur agricole.
g. à 35 heures.
h. répartie en trois secteurs.

10 COMPARAISONS Quelles informations est-ce que tu dois inclure sur un curriculum vitæ français?

____

____

____

____

____

____

____

Nom ______________________ Classe ____________ Date ____________

Le monde du travail

CHAPITRE 2

VOCABULAIRE 2/GRAMMAIRE 2

11 Complète les phrases avec les mots de la boîte.

licenciés	**études**	**supplémentaires**	**société**
emploi	**stage**	**ligne**	**bureau**
téléphone	**appelé**	**chômage**	**décroche**

1. Mon frère a perdu son ____________________ et il est au ____________________.
2. Quand le ____________________ sonne, la secrétaire ____________________.
3. Pendant ses ____________________, Ali a fait un ____________________ dans une société.
4. Cette ____________________ a des problèmes et les employés vont être ____________________.
5. Martin a ____________________ le directeur, mais la ____________________ était occupée.
6. Il y a beaucoup de travail au ____________________ et les employés doivent faire des heures ____________________.

12 Complète ces conversations avec des expressions ou des phrases logiques.

1. —Pourrais-je parler à Salomé?
   — ____?
   —C'est de la part de Chloé.
   —Un instant, ____.
2. — ____?
   —Non, vous avez fait un mauvais numéro.
3. — ____?
   —Désolé, Patricia n'est pas là.
   — ____?
   —Bien sûr! Un moment, je prends un papier et un crayon.
   — ____.
   —Pas de problème. Je lui donnerai votre message.

13 Qu'est-ce que ces personnes feront quand elles auront fini les activités qu'elles sont en train de faire? Écris une phrase logique pour chaque image en utilisant des verbes au futur et au futur antérieur.

MODÈLE Quand Julien aura trouvé un bon emploi, il sera content.

1. Anne ____

____

2. Jean ____

____

3. M. Uro ____

____

14 Quels sont tes projets pour ce week-end? Dis ce que tu feras quand tu auras terminé l'activité précédente. Écris six phrases.

MODÈLE Quand j'aurai rangé ma chambre, j'irai faire des courses.

1. ____
2. ____
3. ____
4. ____
5. ____
6. ____

15 Complète les phrases suivantes en utilisant le participe présent des verbes entre parenthèses.

1. En ______________ (étudier) et en ______________ (faire) les devoirs, on apprendra.
2. On apprend une langue étrangère en ______________ (écouter), en ______________(parler), en ______________ (lire) et en ______________ (écrire).
3. On réussit au lycée, au travail et dans la vie en ______________ (être) travailleur et en ______________ (avoir) de la patience.

16 Combine les phrases en utilisant le participe présent et le futur.

MODÈLE Francine a une rhume. Elle ne va pas à son entretien demain.
Ayant une rhume, Francine n'ira pas à son entretien demain.

1. J'envoie mon curriculum vitae. Je suis sûr que je vais obtenir un entretien.

   ____

2. Paul a gagné beaucoup d'argent. Il va prendre un mois de vacances à Noël.

   ____

3. Tu as du talent. Tu vas trouver un bon emploi.

   ____

4. M. Gauthier et M. Haham sont au chômage. Ils vont chercher un emploi.

   ____

17 Imagine que tu veux devenir interprète à l'ONU *(the UN)*. Tu fais une demande de stage. Écris une lettre de motivation. N'oublie pas d'utiliser le conditionnel de politesse.

____

____

____

____

____

____

____

____

____

18 Lis l'article et réponds aux questions qui suivent avec des phrases complètes.

Les métiers du tourisme

Que ce soit au bord de la mer, à la montagne ou à la campagne, les métiers du tourisme sont en plein essor.

Le tourisme vert se développe énormément et des randonnées à pied, à cheval ou à vélo sont proposées un peu partout. La campagne est devenue la deuxième destination et elle accueille plus du tiers des vacanciers.

Côté montagne l'attrait des hauts sommets et des sports de glisse ne cesse d'augmenter. Le ski, le snowboard et le ski de fond sont les sports les plus pratiqués en hiver. En été, les randonnées, l'escalade, le camping ou le deltaplane attirent de nombreux adeptes. Les moniteurs et les guides ne chôment ni en hiver ni en été!

La mer est toujours une destination privilégiée et les activités se renouvellent et se réinventent chaque année. De nombreux jeunes s'inscrivent pour faire des stages de voile, surf... Il y a beaucoup d'emplois saisonniers qui sont offerts aux jeunes.

Les hôtels, cafés et restaurants avec leurs cuisiniers, réceptionnistes, serveurs, femmes de chambres, etc. emploient environ 500.000 personnes! Les tour-opérateurs, agences et offices du tourisme emploient 35.000 personnes dont 80% de femmes. La moyenne d'âge dans les métiers du tourisme est de 24-30 ans.

1. Quelle est la première destination touristique en France? Et la deuxième?

   ____

2. Quelles activités peut-on faire à la campagne?

   ____

3. Quels métiers peut-on pratiquer à la montagne l'été ou l'hiver?

   ____

4. Quels emplois offrent les cafés, les hôtels et les restaurants?

   ____

5. Quelle est la moyenne d'âge des personnes qui travaillent dans le tourisme?

   ____

Nom ______________________ Classe ____________ Date ____________

19 Dis ce que les gens suivants feront plus tard en faisant des phrases avec les éléments donnés. Fais tous les changements nécessaires et indique le métier que chaque personne fera. Puis trouve les noms des métiers dans la grille.

MODÈLE Alex / chanter / opéras
Alex chantera des opéras. Il sera chanteur.

1. Rodolphe / couper / cheveux

____

2. Aline / enseigner / ski

____

3. Pauline / faire / gâteaux

____

4. Joseph / soigner / chiens

____

5. Clément / traduire / livres en anglais

____

6. Simon / aider / jeunes à étudier

____

7. Luc / réparer / voitures

____

8. Jean / installer / salles de bain et robinets

____

V	É	T	É	R	I	N	A	I	R	E	P	T
O	N	I	T	E	P	L	O	M	B	I	E	R
A	C	M	É	C	A	N	I	C	I	E	N	A
C	O	R	M	A	T	I	C	I	E	N	N	D
H	I	M	O	N	I	T	R	I	C	E	L	U
A	F	G	H	I	S	U	A	V	O	C	A	C
N	F	B	M	Y	S	I	N	Y	D	U	O	T
T	E	G	U	E	I	T	T	Q	U	E	R	E
E	U	V	E	V	È	T	E	R	E	A	A	U
U	R	Q	T	K	R	R	U	R	U	P	J	R
R	V	T	U	T	E	U	R	Y	F	C	A	R

20 Tu as décidé de ce que tu veux faire plus tard et tu viens de choisir l'université parfaite pour faire tes études. Tu dois écrire une lettre de motivation. Décris les cours que tu as suivis, tes activités extra-scolaires et ton expérience professionelle. Explique aussi pourquoi tu veux entrer dans cette université et ce que tu comptes faire pendant tes études.

21 Tu as déjà envoyé ton CV et une lettre de motivation pour poser ta candidature pour l'emploi de tes rêves. Écris la conversation que tu aurais au téléphone pour prendre rendez-vous pour un entretien avec le directeur de la société.

Nom ______________ Classe __________ Date ______________

Il était une fois... CHAPITRE 3

VOCABULAIRE 1/GRAMMAIRE 1

1 Complète les phrases avec le mot qui manque, puis fais les mots croisés.

1. La ____________________ de Cendrillon transforme des souris en chevaux.
2. Le ____________________ est un souverain du Moyen-Orient.
3. Dans les contes, les ____________________ mangent beaucoup.
4. Souvent les ____________________ intriguent contre le sultan.
5. Le but des ____________________, c'est d'enseigner une morale.
6. Au Moyen-Orient, le ____________________ accorde au héros ce qu'il souhaite.
7. Les ____________________ sont aussi méchants que les califes.

2 Dans les contes tu retrouves souvent ces situations ou ces personnages et leur contraire. Associe chaque mot de la colonne de droite avec son opposé dans la colonne de gauche.

_____ 1. le géant
_____ 2. la formule magique
_____ 3. la fée
_____ 4. le sorcier
_____ 5. le traître
_____ 6. le mal
_____ 7. le lendemain

a. la sorcière
b. la veille
c. le bien
d. le nain
e. le héros
f. le sort
g. le magicien

3 Regarde ces deux illustrations du conte de fée *Hans et Grethel*. Écris des phrases qui expliquent qui sont les personnages dans les images, quels sont leurs rôles dans l'histoire et ce qui se passe dans les deux scènes.

____

____

____

____

4 Lis ce passage et souligne les verbes qui sont au **passé simple.** Puis récris le texte au **passé composé.**

À la demande de la reine, la sorcière prépara une potion magique pour tuer la princesse. La reine fit venir la princesse. La princesse vint et salua poliment sa marâtre. Elle regarda la potion mais n'y toucha pas. Sa marâtre s'approcha d'elle et lui donna le verre. La princesse lui jeta le verre à la figure et la reine tout étonnée ouvrit sa bouche toute grande. Elle avala le poison et tomba... morte. La méchante sorcière se sauva dans les bois. La princesse alla tout raconter à son père qui comprit combien il avait été imprudent.

____

____

____

____

____

____

____

____

____

____

Nom ______________________ Classe ____________ Date ____________

VOCABULAIRE 1/GRAMMAIRE 1

5 Complète les phrases suivantes avec **qui, que, dont, ce qui, ce que, ce dont**.

1. ____________ est important dans une fable, c'est la morale de l'histoire.
2. À vrai dire, ____________ je préfère ce sont les légendes africaines.
3. Moi, ce sont les contes fantastiques ____________ m'amusent le plus.
4. Je ne sais pas ____________ tu parles!
5. C'est la Bête ____________ est tombée amoureuse de la Belle.
6. Le Prince a retrouvé la chaussure ____________ Cendrillon avait perdue.
7. Dracula est un monstre ____________ j'ai très peur.

6 Mets les phrases suivantes dans l'ordre logique. Attention à la place de l'adjectif.

1. Louis XIV / roi / fût / grand / un
   ____
2. l' / château / lac / près / ancien / ogre / Un / habite / du
   ____
3. vraie / *Cendrillon* / histoire / une / est / ?
   ____

7 Écris un conte très court basé sur les images. Utilise des expressions que tu as apprises pour commencer, continuer et terminer une histoire.

____
____
____
____
____
____
____
____

Nom ______________________ Classe ____________ Date ____________

8 GÉOCULTURE Dis ce que c'est et où on peut trouver les endroits suivants.

1. Elle est célèbre dans toute l'Afrique musulmane. Elle est construite en argile.

   ____

2. Cette région abrite l'une des plus anciennes populations d'Afrique.

   ____

3. C'est le plus grand désert du monde.

   ____

4. Cet endroit ressemble à un paysage lunaire et a servi de décor pour le film *La Guerre des Étoiles*.

   ____

5. Ses deux cents sources produisent huit cents litres d'eau par seconde.

   ____

6. Cette forêt tropicale est un parc où l'on trouve de nombreuses espèces animales et végétales.

   ____

7. C'est une unité géographique religieuse et culturelle formée par trois pays.

   ____

9 FLASH CULTURE Complète les phrases logiquement.

_____ 1. Au Maroc, la partie ancienne des villes arabes s'appelle...

_____ 2. Au Maroc, on appelle les marchés...

_____ 3. Pour connaître le prix de quelque chose, il faut...

_____ 4. Les griots sont...

_____ 5. Les griots racontent...

_____ 6. Les colons français qui vivaient en Algérie sont appelés...

a. des chanteurs.
b. des souks.
c. pieds-noirs.
d. la médina.
e. des légendes.
f. marchander.

10 COMPARAISONS Est-ce que tu connais des écrivains, des chanteurs ou des acteurs francophones qui vivent aux États-Unis ou des américains célèbres qui vivent dans des pays francophones? Dans quelles langues s'expriment-ils?

____

____

____

Nom ______________________ Classe ____________ Date ______________

Il était une fois...

11 Complète les phrases avec les mots de la boîte.

Seconde Guerre mondiale	**Explorateurs**	**protectorats**
indépendance	**Décolonisation**	**conquête**

1. Des ______________________ français ont exploré les pays du Maghreb.
2. La ______________________ de l'Algérie a commencé en 1847.
3. Après la ______________________, qui s'est terminée en 1945, les pays colonisés ont voulu leur indépendance.
4. Dans les années cinquante, la plupart des colonies et des ______________________ ont voulu leur autonomie.
5. En 1962, l'Algérie obtient son ______________________.
6. C'était la fin de la ______________________.

12 Imagine que tu es historien(ne). Utilise deux des expressions suivantes pour commenter chaque image:
on a rapporté que..., ...a annoncé que..., il paraît que..., ...a déclaré que...

1. ____

____

____

2. ____

____

____

13 Les amis de Théo ont eu un accident. On a demandé à Théo ce que ses amis avaient fait avant l'accident. Regarde les images et écris ses réponses en utilisant le **plus-que-parfait.**

1.

2.

3.

1. ____

____

2. ____

____

3. ____

____

14 Récris les phrases suivantes au discours indirect.

MODÈLE L'empereur a dit «Je viendrai.»
L'empereur a dit qu'il viendrait.

1. Les journalistes ont rapporté: «Le président a décidé de visiter le Mali.»

____

2. Le président a déclaré: «Je ne veux pas de conflits avec les pays africains.»

____

3. On a annoncé: «Il y aura un cessez-le-feu dans quelques heures.»

____

4. Le général a rappelé: «L'Algérie a signé un accord avec la France le jour de mon anniversaire.»

____

5. À la radio on a annoncé: «L'invasion de notre cher pays a commencé à six heures ce matin. »

____

15 Récris les phrases suivantes en utilisant **après avoir + le participe** ou **après être + le participe**.

MODÈLE L'Algérie a combattu et elle a obtenu son indépendance.
Après avoir combattu, l'Algérie a obtenu son indépendance.

1. Le Maroc a obtenu son autonomie et il est redevenu une monarchie.

 ____

2. Le sultan est devenu roi et il a gouverné pendant très longtemps.

 ____

3. Les présidents ont participé à la réunion des nations et ils ont signé un accord.

 ____

4. L'armée a participé au coup d'état, puis elle a rétabli l'ordre.

 ____

5. Les pays ont combattu, puis ils ont signé un traité de paix.

 ____

16 Choisis un incident important dans l'histoire des États-Unis ou d'autre pays que tu as étudié et résume en ordre chronologique les événements (*events*) et leurs conséquences. Par exemple, tu peux parler de la colonisation, de l'indépendance ou d'une guerre importante.

____

____

____

____

____

____

____

____

____

____

____

____

____

17 Lis le texte suivant sur l'histoire de la Tunisie, puis mets les mots de la boîte dans la colonne qui convient d'après le texte que tu viens de lire.

Histoire de la Tunisie

La Tunisie est un très vieux pays dont les frontières ont été tracées dès le VIIe siècle avant Jésus-Christ. C'est la reine Didon qui fonde la ville de Carthage qui devient vite une capitale commerciale de la région méditerranéenne. Plus tard au IIe siècle avant Jésus-Christ, les Romains envahissent la Tunisie et font de Carthage une partie de leur province africaine. Au VIIe siècle après Jésus-Christ, les Arabes envahissent à leur tour le pays et fondent deux villes importantes: Kairouan et Tunis. Stratégiquement située sur la côte nord, Tunis devient vite la nouvelle capitale de la Tunisie. Au XVIe siècle, le pays devient une province de l'Empire ottoman jusqu'à l'établissement du protectorat français en 1883. En 1934, Habib Bourguiba fonde un parti politique appelé «Néo-Destour» dont le but est de réduire la domination française. La Tunisie obtient finalement son indépendance le 20 mars 1956 et devient officiellement la République tunisienne. Bourguiba en est le premier président.

Didon	**Carthage**	**protectorat français**	**Kairouan**	**Romains**
Bourguiba	**République tunisienne**	**Arabes**	**Tunis**	**Empire ottoman**

VILLES	UNITÉS POLITIQUES	PEUPLES	PERSONNAGES CÉLÈBRES

18 Relis le texte sur la Tunisie et réponds aux questions suivantes.

1. Qui a fondé Carthage? Quel rôle important a joué Carthage dans l'histoire?

   ____

2. Quels sont les trois empires dont la Tunisie a fait partie?

   ____

3. En quelle année la Tunisie est-elle devenue indépendante? Qui a été son premier président?

   ____

19 Complète les phrases de manière logique.

_____ 1. Ils vécurent heureux et...

_____ 2. Tout est bien...

_____ 3. Il était...

_____ 4. Il y a bien longtemps...

_____ 5. Nul ne sait...

a. une fois...
b. dans un pays lointain,...
c. ce qui lui est arrivé.
d. eurent beaucoup d'enfants.
e. qui finit bien.

20 Tu as lu beaucoup de contes et de légendes. En te basant sur ce que tu as lu ou entendu, écris et illustre ton propre conte, légende ou fable.

Nom ______________________ Classe ____________ Date ______________

RÉVISIONS CUMULATIVES CHAPITRE 3

21 Retrouve les mots de vocabulaire. Ensuite, écris une phrase pour chacun.

T	A	E	I	N	D	É	P	E	N	D	A	N	C	E
S	S	E	N	U	U	I	P	K	L	I	A	R	O	V
E	R	A	V	D	T	A	R	E	L	L	I	O	N	R
M	E	B	A	T	A	I	L	L	E	R	V	B	Q	I
I	S	M	S	S	H	U	I	L	I	O	L	K	U	T
T	E	R	I	V	I	T	M	I	E	S	H	E	Ê	M
C	O	L	O	N	I	S	A	T	I	O	N	Y	T	E
I	R	A	N	S	C	O	L	M	A	T	V	E	E	S
V	I	C	T	M	O	N	A	R	C	H	I	E	I	R

1. indépendance

____

2. conquête

____

3. colonisation

____

4. bataille

____

5. monarchie

____

6. invasion

____

7. victimes

____

Nom ______________________ Classe ____________ Date ____________

Amours et amitiés

CHAPITRE **4**

VOCABULAIRE 1/GRAMMAIRE 1

1 Identifie le terme qui ne va pas avec les autres dans chacune des listes suivantes.

1. indifférent / amoureux / inquiet / déçu
2. fâché / vexé / gêné / heureux
3. rompre / parler / téléphoner / échanger
4. se fâcher / se disputer / se réconcilier / se quitter
5. se retrouver / s'énerver / se rencontrer / se donner rendez-vous
6. à ton avis / à ma place / d'après toi / surtout pas
7. cybercafé / ordinateur / limonade / e-mail

2 Avec l'aide des mots de la boîte, complète les deux conversations suivantes.

Devine	**tu ferais mieux**	**Qu'est-ce que tu en penses**
D'après toi	**figure-toi**	**Pas nécessairement**
Raconte	**Aucune idée**	**Pas possible**

Ahmed Hier soir, je suis allé au ciné. (1) ____________ qui j'ai vu!

Brahim (2) ____________!

Ahmed Eh bien, j'ai vu Malik et Farah.

Brahim (3) ____________!

Ahmed Si, (4) ____________ qu'ils se sont réconciliés.

Jamal (5) ____________. Je veux tout savoir.

Chloé J'ai rencontré un garçon super hier. Je voudrais lui téléphoner. (6) ____________?

Alex À mon avis, (7) ____________ d'attendre.

Chloé (8) ____________, je devrais attendre longtemps?

Alex (9) ____________!

3 Est-ce que tu sors souvent avec tes ami(e)s? Qu'est-ce que vous faites? Utilise les mots de la boîte.

se voir souvent	**se téléphoner**	**se comprendre**
bien s'entendre	**se dire la vérité**	**ne pas se disputer**
se faire des cadeaux	**s'écrire**	**se parler tous les jours**

MODÈLE On se voit souvent.

1. ______________________________
2. ______________________________
3. ______________________________
4. ______________________________
5. ______________________________
6. ______________________________
7. ______________________________
8. ______________________________

4 Regarde les dessins et raconte ce qui se passe. Utilise des verbes pronominaux, si possible.

1.

2.

3.

4.

1. ______________________________
____
2. ______________________________
____
3. ______________________________
____
4. ______________________________
____

5 Complète les phrases suivantes logiquement.

_____ 1. Si Julia n'était pas allée au parc...

_____ 2. Si nous ne nous étions pas téléphoné...

_____ 3. Si ton frère n'était pas tombé...

_____ 4. Si tes amis t'avaient invité...

_____ 5. Si tu ne t'étais pas fâchée...

_____ 6. Si vous aviez gagné au loto...

a. il ne se serait pas cassé le bras.
b. vous auriez acheté cette belle maison.
c. ton ami ne t'aurait pas quittée.
d. elle n'aurait pas rencontré Théo.
e. tu serais allé chez eux.
f. nous ne nous serions pas retrouvés au restaurant.

6 Complète les phrases suivantes avec la forme correcte du verbe **plaire**, puis remplis la grille de ce puzzle.

1. Les voitures de sport lui ____________.
2. Le cours de musique te ____________ bien, hein!
3. Ils se sont rencontrés et ils se sont ______________________.
4. Si j'allais en Italie, ça me ____________ énormément.
5. Lis ce livre, il te ____________ sûrement.
6. Quand ils habitaient en Afrique, ils s'y ____________ beaucoup.
7. Nous aimons ____________!

7 GÉOCULTURE D'après ce que tu as lu, dis si les affirmations suivantes sont **vraies (V)** ou **fausses (F)**.

_______ 1. Les Phéniciens ont fondé la ville de Carthage en 814 avant Jésus-Christ.

_______ 2. Carthage se trouve au Maroc.

_______ 3. L'empire du Mali était très prospère aux XIIIe et XIVe siècles.

_______ 4. Au XVIe siècle, Tombouctou était une ville connue pour sa richesse et ses universités.

_______ 5. Les Arabes ont conquis l'Afrique du Nord au XVIIe siècle.

_______ 6. La France a fait la guerre à Alger pour mettre fin au règne des pirates dans la Méditerranée.

_______ 7. En 1919, le Cameroun a été divisé entre la France et les États-Unis.

_______ 8. La guerre d'Algérie s'est terminée avec les accords d'Évian.

_______ 9. En 2004, le nouveau code de la famille au Maroc reconnaît l'égalité entre les hommes et les femmes.

8 FLASH CULTURE Les cérémonies du mariage traditionnel en Afrique du Nord sont-elles les mêmes que celles dans ta communauté? Compare ces cérémonies dans les deux pays.

____

____

____

____

____

9 COMPARAISONS Est-ce que le «dating» se fait de la même manière en France et aux États-Unis?

____

____

____

____

Amours et amitiés

VOCABULAIRE 2/GRAMMAIRE 2

10 Le grand-père d'Habib prend sa retraite. Lis le discours de son patron et complète le texte logiquement.

Ali (1) ____________ (naître) à Koulikore et il y (2) ____________ (vivre) pendant toute son enfance. Très jeune, il (3) ____________ (faire) un apprentissage qui lui (4)____________ (plaire). Il a rencontré Yasmina et deux ans plus tard, ils (5) ____________ (se marier), ils (6)____________ (déménager) et ils (7) ____________ (s'installer) à Ségou pour travailler dans notre société. Après trente ans de service, Ali (8) ____________ (prendre) sa retraite. Nous le (9) ____________ (remercier) pour toutes ses années de service.

11 Que dis-tu dans les circonstances suivantes?

_____ 1. Marie et Victor vont se marier.

_____ 2. Ma fille vient d'avoir un petit garçon.

_____ 3. Son oncle est mort hier.

_____ 4. Lili a un nouveau travail.

_____ 5. Lucas a perdu son travail.

a. Toutes mes Félicitations!
b. Je suis désolé!
c. Tous mes vœux de bonheur.
d. Mes sincères condoléances.

12 Complète la conversation suivante et fais les changements nécessaires.

plaire	**ça fait longtemps**	**changer**	**on ne se voit plus**
ravi	**rien de spécial**	**prochain**	**ça fait**
incroyable	**une bonne idée**	**toi non plus**	**surprise**

Justin Eh Carla, quelle (1) ____________!

Carla C'est (2) ____________, tu n'as pas (3) ____________!

Justin (4) ____________! Dis, comment va Sacha?

Carla (5) ____________. Il a une nouvelle copine et ils vont se marier.

Justin Je suis (6) ____________ de t'avoir rencontré aujourd'hui.

Carla C'est vrai, (7) ____________ qu'on ne s'est pas vus.

Justin Dis, qu'est-ce que tu fais samedi (8) ____________?

Carla (9) ____________.

Justin Ça te (10) ____________ d'aller au cinéma?

Carla C'est (11) ____________.

13 Dis ce que Quentin doit faire le samedi matin avant de retrouver ses amis. Commence chaque phrase avec **Il faut qu'il**...

faire nettoyer aller poster finir

1. ______________________________
2. ______________________________
3. ______________________________
4. ______________________________

14 En t'aidant des verbes entre parenthèses, donne des conseils à tes amis et fais des phrases logiques.

1. Pour être en forme, il est essentiel que tu... (faire / manger / perdre)
____
____
____

2. Pour avoir de bons amis, il faudrait qu'il... (être sympa, avoir de la patience)
____
____
____

3. Pour réussir, il vaudrait mieux que vous... (étudier, apprendre, finir)
____
____
____

Nom ______________________ Classe ____________ Date ______________

VOCABULAIRE 2/GRAMMAIRE 2 CHAPITRE 4

15 Remplace les mots soulignés par le pronom qui convient.

1. Edward habite chez <u>ses parents.</u> ____________
2. Nous sommes partis en vacances avec <u>Christine.</u> ____________
3. Il travaille pour <u>ce sénateur.</u> ____________
4. Martin s'intéresse à <u>Sophie.</u> ____________
5. Je pense souvent à <u>mes amis et à toi.</u> ____________

16 Complète les phrases suivantes logiquement avec le pronom qui convient.

1. ____________, jamais nous n'irons sur la lune!
2. Si ce n'est pas ____________ c'est donc ton frère.
3. ____________, tu es sympa, mais ____________, il est pénible.
4. ____________, je m'intéresse à tout ce qui concerne l'histoire de l'Afrique.
5. ____________, ils sont désolés que vous partiez si tôt.

17 Sophie te montre une photo de ses dernières vacances et te rappelle ce que vous faisiez tous ce jour-là. Commence chaque phrase avec un pronom disjonctif.

____

____

____

____

____

____

18 Selon la planète qui te gouverne, l'amitié peut être spontanée ou réfléchie, temporaire ou éternelle… Fais ce test et découvre qui tu es en amitié.

_____ 1. Quelles sont les qualités essentielles en amitié?
a. la solitude b. la confiance *(trust)* c. la spontanéité

_____ 2. Quel est le plus grand défaut en amitié?
a. l'égoïsme *(selfishness)* b. l'ennui c. l'indifférence

_____ 3. Qu'est-ce qui peut détruire l'amitié?
a. l'indifférence b. la lassitude c. la trahison

_____ 4. Que préfères-tu partager avec tes amis?
a. des idées b. des confidences c. un projet commun

_____ 5. L'amitié dure *(last)*...
a. longtemps. b. toute la vie. c. quelques mois.

_____ 6. C'est ton meilleur ami parce que...
a. il te ressemble. b. tu comptes sur lui. c. il est plein de charme.

_____ 7. L'argent et les amis:
a. Il faut s'aider. b. La rivalité a du charme. c. Ne pas les mélanger!

Ta planète. Majorité de a: Mars. Majorité de b: Vénus. Majorité de c: Mercure.
Mars Tu es un ami exigeant, mais quand tu donnes ta confiance, c'est pour longtemps. Pour toi, c'est par les épreuves partagées que l'amitié devient forte. Sous l'influence de Mars, tes qualités et tes défauts sont accentués: fougue, désir d'absolu, impulsivité.

Vénus Très sensible et émotif, tu cultives tes amitiés par petites touches de complicité, charme et ambiguïté. Toutefois, si tu aimes plaire, tu aimes aussi qu'on te surprenne. Tu évites les discussions sérieuses ou ennuyeuses, les problèmes.

Mercure Tu n'aimes pas la solitude et tu associes tes amis à tout ce que tu fais. Tes amitiés peuvent durer, mais si les points communs viennent à manquer, tu as du mal à les cultiver. Le sens de l'entraide et le goût du partage te permettent de te lier avec des personnes des deux sexes.

Quel type d'ami es-tu? Est-ce que tu crois que la description faite te correspond?

____

____

____

Nom ______________________ Classe ____________ Date ____________

RÉVISIONS CUMULATIVES
CHAPITRE 4

19 La grand-mère d'Angelina lui montre des photos de ses amis quand elle était plus jeune. Imagine ce qu'elle lui raconte. Écris au moins 3 phrases par illustration.

1.

2.

3.

4.

1. ____
____
____
____

2. ____
____
____
____

3. ____
____
____
____

4. ____
____
____
____

Nom ______________________________ Classe ____________ Date ______________

20 Complète les phrases suivantes. Puis, retrouve les mots cachés.

1. Tommy ne s'est pas marié; il est resté ___________.
2. Julie et Flore sont nées le même jour. Ce sont deux sœurs ___________.
3. Émile a été ___________ très jeune: ses parents sont morts dans un accident d'avion.
4. Mes amis viennent d'___________ un petit garçon.
5. Quand Lucas est allé au Maroc, il est ___________ malade.
6. Sara a ___________ au Mali pendant cinq ans.
7. Pour acheter sa nouvelle maison, il faut que Mathilde fasse un ___________.
8. Yacine va s'installer à Tunis et il va ___________ un appartement.
9. Si tu veux ce travail, pose vite ta ___________.
10. Cet homme aime trop son travail et il ne prendra jamais sa ___________.

A C É L I B A T A I R E C
N A L I B E D F A I R E A
D N L I N É O G J E A U N
C D E T O R P H E L I N D
A I P O A F T Q W E T T I
N D F L E I E M P R U N T
D A A O R U R L I B T È O
A T I U D H I U A F T W M
J U M E L L E S E U I U B
T R E R S Y U I V É C U E
U E G U A R E T R A I T E

Nom ______________________ Classe ____________ Date ____________

En pleine nature

CHAPITRE 5

VOCABULAIRE 1/GRAMMAIRE 1

1 Sophie a l'intention d'aller au Québec, en Louisiane et aussi en Haïti. Quels animaux va-t-elle pouvoir admirer dans tous ces endroits? Sous chaque rubrique, écris au moins deux animaux du vocabulaire.

Parcs – Québec	Bayous – Louisiane	Océan – Haïti	Grottes

2 Sophie est prudente et elle fait une liste des animaux dont elle doit se méfier. Cherche le nom des animaux dans la grille. Écris-les dans la liste et découvre le nom de l'animal qu'elle va photographier en remettant dans l'ordre les lettres surlignées.

```
L A L L I G A T O R A
O U R O S F R B U E D
U I C U A H A E R P T
G U Ê P E D I L S U S
R E Q I N S G A S F E
E R E Q U I N U T R R
Q R E P I N É E A U P
U Q U I A B E I L L E
N A B E I L E G U E N
I A L I G A T E U R T
```

1. a ■ __ __ __ __ __ __ __
2. ■ u __ __
3. ■ __ __ __ p
4. __ __ __ q __ __ ■
5. ■ __ e __ __ __ __
6. ■ __ __ p __
7. s __ ■ __ __ __ __
8. __ r __ ■ __ __ __ __ __ __

Nom de l'animal: __ ' __ __ __ __ __ __ __

3 Tes amis vont camper dans un parc au Québec. Donne-leur quelques conseils en terminant les phrases logiquement.

_____ 1. Méfiez-vous...

_____ 2. Il est interdit...

_____ 3. Prière de ne pas...

_____ 4. Surtout, ne nourrissez pas...

_____ 5. Prenez garde...

_____ 6. Faites attention,...

a. les animaux.
b. il y a des serpents partout.
c. des ours.
d. à vos affaires.
e. fumer dans les parcs.
f. de cueillir des plantes.

4 Regarde ces images et dis ce dont toi et tes amis avez peur.

1. mordre 2. rencontrer 3. piquer 4. avoir

1. Je crains qu' ____________________________________.
2. Alexia a peur de ____________________________________.
3. Nous avons tous peur qu' ____________________________________.
4. Jérémy et Anouck craignent qu' ____________________________________.

5 Mamie et papi partent en Louisiane. Complète les phrases suivantes avec la forme correcte des verbes entre parenthèses.

1. Dans les bayous, il faut que vous __________________ (prendre) des photos d'un alligator!
2. Je crains que ce ne __________________ (être) pas possible!
3. Vous avez peur de __________________ (rencontrer) un alligator peut-être?
4. Pas du tout! Mais il faut que nous __________________ (faire) attention.
5. Alors, je voudrais que vous m' __________________ (envoyer) une jolie carte!

6 Tu vas dans un parc régional avec des amis. Les panneaux (*signs*) sont vieux et difficiles à lire. Dis à tes amis ce qui est permis de faire et ce qui est interdit. Utilise l'impératif des verbes donnés. Dessine les panneaux correspondants.

Prendre des photos (oui)

____

Nourrir les animaux (non)

____

Allumer un feu (non)

____

Observer les oiseaux (oui)

____

7 Écris dix conseils pour passer un bon séjour dans un parc national. Tes conseils doivent inclure ce qu'on doit voir dans le parc, ce qui est interdit, ce dont on doit se méfier, ce qu'on ne doit pas craindre et ce qu'on doit faire en cas d'urgence. Utilise l'impératif.

1. ____
2. ____
3. ____
4. ____
5. ____
6. ____
7. ____
8. ____
9. ____
10. ____

8 GÉOCULTURE Choisis la bonne réponse pour compléter ces phrases.

_____ 1. Le Vieux Carré est l'ancien quartier français de _____.
a. Montréal b. Québec c. La Nouvelle-Orléans

_____ 2. La baie de Fundy se trouve _____.
a. en Haïti b. au Canada c. en Louisiane

_____ 3. La Citadelle a été construite pour défendre _____.
a. des plantations b. le Saint-Laurent c. Haïti

_____ 4. Un bayou, c'est _____.
a. une rivière b. un cours d'eau c. un océan

_____ 5. La forêt acadienne abrite des _____.
a. crocodiles b. iguanes c. oiseaux migrateurs

_____ 6. La plantation Melrose a été établie par un/une _____.
a. ancienne esclave b. Métis c. officier français

9 FLASH CULTURE Réponds aux questions suivantes avec des phrases complètes.

1. Quels animaux trouvent refuge dans les bayous en Louisiane?

____

____

2. Quelles activités les visiteurs peuvent-ils faire dans certains parcs de Louisiane?

____

____

3. Quels sont des exemples qui illustrent l'influence française en Louisiane?

____

____

4. Qu'est-ce que c'est que la Grande Odyssée et la Yukon Quest?

____

____

10 COMPARAISONS Comment est-ce que les parcs des villes françaises et ceux des villes américaines se ressemblent? En quoi sont-ils différents?

____

____

____

Nom ______________________ Classe __________ Date __________

En pleine nature

11 Fais les mots croisés avec les sports ou objets qui complètent les phrases suivantes.

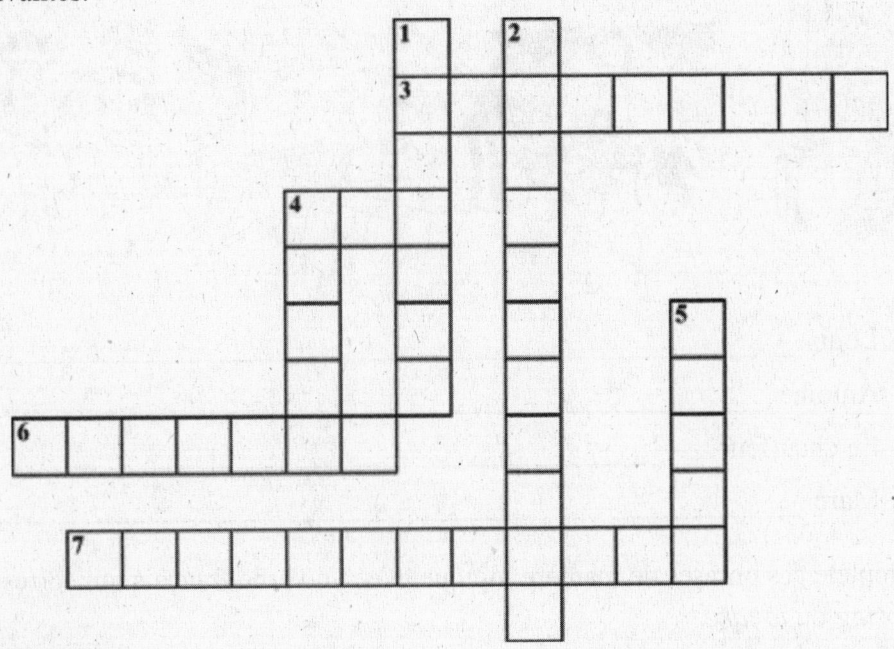

HORIZONTAL

3. Quand Jacques fait de l'____________, il emporte toujours des cordes.
4. Quand Chloé va à la montagne, elle parcourt les chemins en ____________.
6. Quand François est allé en Haïti, il a fait de la ____________ sous-marine et a pu admirer des bancs de coraux.
7. Sacha aime faire du ____________. Il n'a jamais peur quand il saute de l'avion.

VERTICAL

1. Tous les ans, Ali va au Canada pour faire du ____________ dans les rapides.
2. Alix est dans un club de ____________ et elle visite des grottes tous les week-ends.
4. Julien a passé l'été au bord de la mer et a fait de la ____________ en solitaire.
5. On fait souvent un tour dans les bayous en ____________.

12 Choisis l'expression que tu utiliserais pour encourager un ami dans les situations suivantes.

_____ 1. Je meurs de soif.

_____ 2. J'ai le vertige.

_____ 3. Je n'en peux plus.

_____ 4. C'est trop loin.

a. Oui, mais ça vaut la peine.
b. Tu y es presque! Ne regarde pas en bas.
c. Courage, on va bientôt trouver de l'eau.
d. Allez, encore un petit effort. On va bientôt arriver.

13 Regarde les images et explique ce que ces personnes amènent, emmènent, apportent ou emportent.

1.

2.

3.

4.

1. Louis ______________________________
2. Antoine ______________________________
3. Le chauffeur ______________________________
4. Marc ______________________________

14 Complète ces phrases de manière logique avec un verbe français qui correspond à *to bring* ou *to take.*

1. Tous les matins, les Dupont ____________________ leurs enfants à l'école.
2. Hier, le professeur a demandé aux étudiants d' ____________________ leurs livres.
3. L'été dernier, quand j'ai fait du camping, j' ____________________ mon portable.
4. Quand vous êtes invités vous ____________________ des fleurs, mais vous n' ____________________ pas votre chien.
5. Quand nous visiterons la Louisiane, nous ____________________ notre appareil photo.

15 Complète les phrases suivantes avec **à** ou **de** seulement si c'est nécessaire.

1. Amélia a raison _____ faire du yoga.
2. Mes parents n'ont jamais appris _____ skier.
3. Je te conseille _____ te promener dans les bayous. C'est super!
4. Marc et André veulent _____ jouer au football cet après-midi.
5. N'oubliez pas _____ prendre des cordes avec vous.
6. Je commence _____ avoir le vertige!

16 Écris des phrases complètes pour dire ce que ces personnes ont fait.

1. continuer 2. préférer 3. essayer 4. décider

1. ____
2. ____
3. ____
4. ____

17 Réponds aux questions suivantes avec des phrases complètes.

1. Pratiques-tu des sports extrêmes? Lesquels?

____

____

2. Quels sports extrêmes est-ce que tu aimerais essayer? Pourquoi?

____

____

3. Quels sports extrêmes n'aimerais-tu jamais essayer? Pourquoi?

____

____

4. Avec qui préfères-tu faire des activités en plein air?

____

____

5. En général, qu'est-ce que tu emportes avec toi quand tu fais ces activités?

____

____

18 Lis l'article et réponds aux questions suivantes avec des phrases complètes.

L'histoire d'Évangéline

Le chêne et la statue d'Évangéline, situés à St-Martinville, en Louisiane, sont parmi les points d'attraction les plus populaires de la région.

L'histoire se passe en 1755, au moment où des milliers d'Acadiens ont été chassés de leur territoire canadien par les Anglais et se sont réfugiés en Louisiane. Ces évènements, dit-on, ont causé la séparation d'une jeune fille, Évangéline, et de son fiancé, Gabriel.

Une des versions de cette histoire raconte qu'après un long voyage, la jeune fille est arrivée en Louisiane. Malheureusement, sa tristesse l'empêchait d'apprécier la beauté de cette région si différente de celle de son enfance. Elle ne pensait qu'à son passé et à l'homme qu'elle avait perdu. Quand, finalement elle a retrouvé son cher Gabriel, assis sous le grand chêne au bord du bayou Teche, elle n'a pas pu contenir sa joie. Mais le jeune homme l'a regardée avec tristesse et, après quelques hésitations, lui a avoué qu'il en aimait une autre. Évangéline n'a jamais pu oublier Gabriel et a passé le reste de sa vie dans le regret et la mélancolie, rêvant qu'un jour, Gabriel lui reviendrait. Le chêne d'Évangéline est resté le symbole de la rencontre d'Évangéline et de son bien-aimé.

1. Quand est-ce que l'histoire d'Évangéline se passe?

   ____

2. Où habitait Évangéline avant de venir en Louisiane?

   ____

3. Pourquoi est-ce que les Acadiens sont venus en Louisiane?

   ____

4. Qui était Gabriel?

   ____

5. Pourquoi Évangéline n'aimait-elle pas la Louisiane?

   ____

6. Qu'est-ce qui s'est passé sous le grand chêne au bord du bayou Teche?

   ____

7. Pourquoi Évangéline a passé le reste de sa vie dans la mélancholie?

   ____

8. Quel est le symbole de la rencontre entre Évangéline et son bien-aimé?

   ____

19 Complète cette conversation entre le guide et Théo avec la forme correcte des verbes dans la boîte.

être	**pouvoir**	**faire**	**avoir**
aller	**prendre**	**rester**	**craindre**

Le Guide Pendant votre visite du parc, il faudra que vous (1) ____________ prudent. Il se peut qu'un animal (2) ____________ quelque chose d'imprévisible. Attention où vous mettez les pieds. Il est possible qu'il y (3) ____________ des serpents là où nous irons.

Théo Vous entendez, les enfants! Il vaut mieux que vous (4) ____________ dans la voiture. Sinon, j'ai peur que vous (5) ____________ dans des endroits dangereux sans vous en rendre compte.

Le Guide Oui, c'est une bonne idée. Je crains qu'on ne (6) ____________ sortir de la voiture très souvent aujourd'hui. Les animaux ont l'air nerveux.

Théo Ça veut dire qu'il faut que je (7) ____________ mes photos de l'intérieur de la voiture?

Le Guide Oui, monsieur. Ou en tous cas, il faut que vous (8) ____________ attention si vous décidez de sortir.

20 Pendant les vacances, tu es guide dans un parc de ta région et tu dois t'occuper d'un groupe de touristes français. Prépare une liste de six instructions qu'ils devront suivre au parc. Utilise l'impératif.

1. ____
2. ____
3. ____
4. ____
5. ____
6. ____

21 Imagine que tu fais du VTT dans un parc naturel avec un(e) ami(e), mais ton ami(e) a peur de tout et se plaint (*complains*) beaucoup. Tu essaies de l'encourager et de le/la rassurer, mais tu commences à perdre patience. Écris votre conversation.

22 Une course incroyable! Écris des instructions pour une course dans laquelle les participants pratiquent plusieurs sports extrêmes et rencontrent des animaux sauvages. La course commence au Canada, passe par Louisiane et se termine en Haïti. Tu dois expliquer où aller, comment y aller, ce qu'il faut faire dans chaque endroit et ce que les participants doivent trouver et emporter avec eux.

Nom ______________________ Classe __________ Date __________

La presse

CHAPITRE 6

VOCABULAIRE 1/GRAMMAIRE 1

1 À ton avis, qu'est-ce que ces gens lisent?

_____ 1. Lucie lit les journaux et les magazines qui parlent de la vie des acteurs connus.

_____ 2. Marine ne s'intéresse qu'à la mode!

_____ 3. Mon père lit les journaux tous les jours.

_____ 4. Ma sœur est abonnée à une revue de politique qu'elle reçoit toutes les semaines.

_____ 5. Mon frère s'intéresse surtout au foot et au tennis.

_____ 6. Je ne lis pas les journaux, mais j'adore les dessins humoristiques.

a. un magazine sportif
b. un hebdomadaire
c. la presse à sensation
d. les bandes dessinées
e. la presse spécialisée
f. un quotidien

2 Complètes les définitions suivantes avec des mots du vocabulaire.

1. Une personne qui vend des magazines est un ____________________.
2. Une personne sans travail est un ____________________.
3. Une créature venue d'une autre planète est un ____________________.
4. La personne qui décide quels articles vont être publié est le ____________________ en chef.

3 Des journalistes parlent des nouvelles. Complète leurs phrases avec la forme correcte du verbe entre parenthèse.

1. Je sais que le président ____________________ (soit / est) malade, mais je ne crois pas que ce ____________________ (soit / est) grave.
2. Je suis sûre qu'il ____________________ (vienne / viendra) à la conférence de presse demain.
3. Je suis persuadé que son nouveau secrétaire d'état ____________________ (réussisse / réussira).
4 Dis donc, il se peut que nous ____________________ (allons / allions) en Haïti pour un entretien avec le commandant en chef des armées.
5. Je pense que vous ____________________ (devriez / devrez) venir avec nous.
6. Ne t'inquiète pas. Je suis certain que les garçons ____________________ (savent / sachent) parler français assez bien pour faire l'entretien.

4 Regarde les images suivantes et dis ce qui s'est passé en utilisant les expressions **il se peut que, je doute que** et **ça m'étonnerait que.**

1.

2.

3.

1. ____
2. ____
3. ____

5 Complète la conversation entre Emma et Louis.

Louis Je crois qu'il (1) ____________ (faire) beau le week-end prochain. Tu (2) ____________ (aimer) faire du canoë?

Emma Je doute qu'il (3) ____________ (faire) beau! À la météo, ils (4) ____________ (annoncer) des orages.

Louis Tu as raison. Il est possible qu'il (5) ____________ (pleuvoir).

Emma Tu veux (6) ____________ (aller) au cinéma alors?

Louis Je crains qu'il n'y (7) ____________ (avoir) pas de bon film en ce moment!

Emma Mais si, voyons, je crois qu'il y (8) ____________ (avoir) le dernier film d'Audrey Tautou.

Louis Ouais... je ne pense pas que ce (9) ____________ (être) son meilleur film!

Emma Oh, allons-y quand même. Je suis sûre qu'il te (10) ____________ (plaire) beaucoup.

Louis C'est possible que je le (11) ____________ (trouver) bien. Il ne faut pas toujours (12) ____________ (croire) ce que disent les critiques!

6 Fais les mots croisés en utilisant la forme correcte du verbe **croire.**

VERTICAL

1. Nous ne _____ plus la presse.
3. Je _____ que tout va mieux quand il y aura moins de chômage.
4. Vous _____ à la presse à sensation?

HORIZONTAL

2. Ils ne te _____ jamais si tu ne leur montres pas.
5. Je ne peux pas _____ qu'il y ait des extraterrestres à Roswell.
6. Je _____ que tu ne lisais que des revues sérieuses!
7. Ça m'étonnerait que le public _____ tout ce qui est publié!
8. Je _____ que les journalistes disent toujours la vérité.

7 Réponds aux questions suivantes avec des phrases complètes.

1. Où est-ce qu'on peut trouver des kiosques à journaux dans ta ville?

____

2. Est-ce que tu es abonné à un magazine? Lequel?

____

3. Quels genres de journaux t'intéressent?

____

4. Qu'est-ce que tu regardes en premier dans un journal?

____

5. Quelles sont les responsabilités d'un journaliste?

____

8 GÉOCULTURE Indique si les phrases suivantes sont vraies **(v)** ou fausses **(f)**.

_____ 1. Christophe Colomb a découvert l'île où se trouve Haïti en 1492.

_____ 2. Robert Cavelier de la Salle était un explorateur français.

_____ 3. De la Salle a descendu le Mississippi jusqu'au golfe du Mexique.

_____ 4. De 1755 à 1764, les francophones ont expulsé les Anglais de l'Acadie.

_____ 5. L'Acadie est une région de la Louisiane.

_____ 6. Napoléon a acheté la Louisiane aux États-Unis.

_____ 7. Le français et l'anglais sont les deux langues officielles du Canada.

_____ 8. Pendant la dictature des Duvalier, des milliers de Haïtiens ont été tués.

_____ 9. En 1995, la province de Québec s'est séparée du Canada.

9 FLASH CULTURE Choisis la réponse logique.

_____ 1. Le journal en langue française aux États-Unis s'appelle...
a. *Le Soleil.* b. *Le Quotidien.* c. *Le Journal Français.*

_____ 2. Au Québec, la plupart des journalistes commencent par travailler...
a. à la pige. b. à la feuille. c. à la radio.

_____ 3. Au Québec, le blog est...
a. interdit. b. inconnu. c. très populaire.

_____ 4. Dans le blog des adolescents, on trouve...
a. des abréviations. b. de l'argot. c. l'argot et des abréviations.

10 COMPARAISONS Dans ta ville ou ton état, est-ce qu'on vend des journaux ou des magazines qui ne sont pas écrits en anglais? Donne le titre de ces revues et dis dans quelle catégorie tu les classes.

____

____

____

____

____

____

La presse

VOCABULAIRE 2/GRAMMAIRE 2

11 Dans quelles rubriques vas-tu trouver les articles suivants?

1. Messieurs: Je vous écris parce que j'ai trouvé deux erreurs dans votre article sur la grève des caissiers au supermarché Bons Prix. D'abord,...

   ____

2. Vol à main armée dans une agence de la Banque de Paris. Les voleurs ont emporté 150 000 euros.

   ____

3. Une vague de froid s'est abattue sur toute la France et des chutes de neige sont prévues pour la nuit prochaine en montagne.

   ____

4. Sommet international à Montréal sur l'environnement.

   ____

5. La Belge, classée numéro un, s'est qualifiée pour la finale de Roland Garros.

   ____

6. Paris / Invalides. Bel appartement 3 pièces dans un immeuble ancien. Ensoleillé. Travaux à prévoir. 380 000 euros.

   ____

7. L'inflation dans tous les secteurs continue à augmenter.

   ____

12 Ton journal fait une enquête sur les habitudes des étudiants. Tu es interviewé(e). Réponds aux questions et remplace les mots soulignés par un pronom.

1. Qu'est-ce qui <u>t'</u>intéresse <u>dans l'actualité</u>?

   ____

2. Est-ce que tu lis <u>un quotidien</u>?

   ____

3. Est-ce que tu reçois <u>des magazines</u> chez toi?

   ____

4. Est-ce que tu aimes lire <u>la rubrique sportive</u>?

   ____

5. Est-ce que tu as regardé <u>les Jeux Olympiques</u> <u>à la télévision</u>?

   ____

13 Aline change toujours d'avis! D'abord elle dit oui et ensuite non! Utilise l'impératif et des pronoms pour écrire ses réponses.

1. Je peux te téléphoner?

   Oui, ______________________________________.

   Non, ______________________________________.

2. Tu veux que je te lise cet article?

   Oui, ______________________________________.

   Non, ______________________________________.

3. Nous devions aller au cinéma?

   Oui, ______________________________________.

   Non, ______________________________________.

14 Camille répond à des questions que tu lui poses. Complète ces questions en utilisant **qui est-ce qui, qu'est-ce qui, qui est-ce que** et **qu'est-ce que**.

1. ______________________________ a appelé la police?

   Joël a appelé la police.

2. ______________________________ la police a fait faire?

   La police a fait faire un portrait du voleur.

3. ______________________________ est arrivé?

   Ensuite, la police a fermé le quartier.

4. ______________________________ la police a attrapé?

   La police a attrapé le voleur.

15 Regarde chaque image et utilise **qui est-ce qui, qu'est-ce qui, qui est-ce que** et **qu'est-ce que** ainsi que les verbes donnés pour écrire des questions.

1. (arriver) ____

2. (dire) ____

3. (se passer) ____

4. (voir) ____

Nom ______________________ Classe ____________ Date ____________

VOCABULAIRE 2/GRAMMAIRE 2 — CHAPITRE 6

16 Tu es un parmi des centaines de passagers à l'aéroport qui ne peuvent pas partir en vacances à cause d'une grève. Réponds aux questions qu'un journaliste te pose sur la situation.

1. Est-ce qu'il y a souvent des grèves au Québec?

____

2. Est-ce que les pilotes ont déjà été en grève cette année?

____

3. D'habitude, allez-vous quelque part en été?

____

4. Avec cette grève, pensez-vous encore pouvoir partir?

____

5. Est-ce qu'il y a des chances que vous puissiez partir ce soir?

____

6. Est-ce que les compagnies aériennes vous ont promis quelque chose si la grève continuait?

____

17 C'est le premier jour de ton retour au lycée après une semaine d'absence. Tes deux meilleur(e)s ami(e)s ont plusieurs choses à te raconter. Écris une conversation entre vous trois dans laquelle ils/elles te racontent quatre nouvelles incroyables et tu leur réponds.

____
____
____
____
____
____
____
____
____
____
____

18 Lis le texte et dis si les phrases suivantes sont vraies **(v)** ou fausses **(f)**.

Reporters sans frontières

Une grande partie de la population mondiale vit dans des pays où il n'existe aucune liberté de la presse et de nombreux journalistes sont emprisonnés. Dans certains pays, un journaliste peut passer plusieurs années en prison pour un mot ou une photo qui ne plaît pas au gouvernement. Une association, Reporters sans frontières, se bat depuis vingt ans pour que l'information reprenne ses droits. Son rôle est important:

- Elle dénonce les violations de la liberté de la presse dans le monde et soutient les journalistes menacés dans leurs pays.
- Elle défend les journalistes emprisonnés ou persécutés, et dénonce la torture.
- Elle lutte pour faire tomber la censure et combat les lois qui réduisent la liberté de la presse.
- Elle agit pour améliorer la sécurité des journalistes, notamment dans les zones de conflit.

Reporters sans frontières est présente sur tous les continents et a des bureaux dans de nombreux pays francophones comme la France, le Canada ou la Belgique. Le site de Reporters sans frontières recense les violations de la liberté de la presse dans le monde. Ce site propose aux internautes de se mobiliser en faveur de la libération des journalistes emprisonnés en signant des pétitions. Il donne aussi la parole aux journalistes qui ne peuvent pas s'exprimer dans leur pays.

_____ 1. La liberté de la presse existe dans tous les pays.

_____ 2. Les journalistes de Reporters sans frontières sont tous francophones.

_____ 3. Un des rôles de cette association est de défendre les journalistes.

_____ 4. Cette association assure la liberté de la presse dans tous les pays.

_____ 5. Pour aider les journalistes, on peut signer des pétitions.

_____ 6. L'association veut que tous les journalistes soient entendus.

19 Es-tu d'accord ou pas d'accord avec l'affirmation suivante: «Emprisonner ou tuer un journaliste, c'est éliminer un témoin essentiel et menacer le droit de chacun à l'information.» Donne ton avis et justifie-le en donnant un ou plusieurs exemples.

____

____

____

____

____

Nom ______________________ Classe ____________ Date ______________

RÉVISIONS CUMULATIVES CHAPITRE 6

20 Complète les phrases suivantes avec **quelques, quelquefois, quelque chose, quelqu'un** ou **quelque part.**

1. J'ai faim. Allons manger ______________________!
2. Tu attends ______________________?
3. Tu vas ______________________ ce soir?
4. Mme Simon est encore tombée. C'est ______________________ qui lui arrive souvent.
5. Tu vois ______________________ tes amis au club de gym?
6. J'ai invité ______________________ amis à dîner ce soir.
7. Je n'arrive pas à retrouver ce livre. Je l'ai laissé ______________________, mais où?

21 Complète le dialogue avec les expressions de la boîte. Fais les changements nécessaires.

raconte	**je suis persuadé**	**montre-moi**	**tu sais que**
tu as vu	**tu as entendu parler**	**qu'est-ce qui s'est passé**	**il semble que**

—(1) ______________________ cette photo dans le journal?

—(2) ______________________ je ne lis jamais le journal le matin!

—(3) ______________________ du vol au musée du Louvre?

—Non, (4) ______________________!

—La semaine dernière un tableau de grande valeur a disparu. Hier matin, la police a retrouvé la trace des voleurs.

—Et alors, (5) ______________________?

—(6) ______________________ la police a reçu un coup de téléphone anonyme. (7) ______________________ qu'elle va aussi découvrir tout un réseau de trafic d'œuvres d'art!

—C'est super! (8) ______________________ l'article.

22 Dans la grille, entoure les mots de vocabulaire. Puis écris une définition pour chaque mot que tu as trouvé. Déchiffre le métier qui se cache dans les lettres entourées d'un cercle.

Q U O T I D I E H E B D O M
U R Y Y I K R M E N S U E L
O A V S L I E A B J U O L É
T E R Q U O T I D I E N C G
I J O U R S S A O T U T O E
D O R G H Q Q E M I R R U N
I U A U U U U Z A T A E V D
P R E S S E O E D E I V E E
E N P R E S E S A R T U R U
N A Q U O T D T I T R E T Y
L L L I B E R T R P R E U S
A M E R C O U V E R T U R E

1. ■ _ _ _ _ A _ ______________________________
2. _ I _ _ _ _ ■ ______________________________
3. _ E _ _ _ _ ■ _ _ _ _ _ ______________________________
4. ■ _ _ _ E ______________________________
5. ■ _ _ _ _ _ E ______________________________
6. _ _ ■ _ _ E _ ______________________________
7. _ _ _ ■ _ _ _ E _ ______________________________
8. _ _ _ ■ _ E ______________________________
9. _ ■ _ R _ ______________________________
10. _ ■ _ _ _ _ _ ■ _ E ______________________________

Le métier est: ______________________

Notre planète

CHAPITRE 7

VOCABULAIRE 1/GRAMMAIRE 1

1 Chasse l'intrus! Identifie le mot qui n'appartient pas à chaque catégorie.

1. volcan / éruption / lave / éclair
2. sécheresse / grêle / désert / tempête de sable
3. ouragan / cyclone / incendie / orage
4. courant / pluie / inondation / tonnerre
5. catastrophe / dégâts / désastre / climat
6. raz-de-marée / tremblement de terre / avalanche / glissement de terrain
7. abîmer / détruire / endommager / évacuer
8. à cause de / dûs à / surtout / donc

2 Romain et Cécile comparent leurs villes de Bruxelles et de Genève. Complète leurs phrases avec des structures comparatives et superlatives.

Romain Moi, je trouve qu'il y a beaucoup (-) ____________ pollution à Bruxelles _____ (1) à Genève.

Cécile Tu rêves! Au cas où tu l'aurais oublié, Genève est une ville (+) ____________ petite _____ (2) Bruxelles et donc, (-) ____________ (3) polluée.

Romain D'accord. Maintenant, admets qu'à Bruxelles, il y a (+) ____________ restaurants _____ Genève (4).

Cécile Peut-être, mais à Genève ils sont (+ bon) ____________ (5)!

Romain (+ bon) ____________ (6)? Non! (=) ____________ (7) bons peut-être! En tous cas, à Bruxelles, il y a (=) ____________ activités _____ (8) Genève.

Cécile Alors, là, ça m'étonnerait. Autour de Genève, il y a (+) ____________ grandes pistes de skis _____ (9) Europe et le lac Léman est le lac qui attire (+) ____________ (10) touristes!

Romain Bruxelles, c'est le siège de l'Union européenne...

Cécile C'est vrai, mais n'oublie pas que Genève est une des villes (+) ____________ internationales _____ (11) monde. Il y a (+) ____________ (12) deux cents organisations internationales.

Romain Décidément, avec toi, je n'aurai jamais le dernier mot!

3 Complète les phrases suivantes avec les prépositions de la boîte qui conviennent. Deux prépositions seront utilisées deux fois.

à	**après**	**loin**	**chez**	**pour**
en	**sans**	**avant**	**par**	**dans**

1. Quand le volcan est entré ____________ éruption, les habitants ont fui le village ____________ que la lave ne l'atteigne.
2. ____________ les fortes chutes de neiges des derniers jours, on doit s'attendre ____________ des avalanches dans les Alpes.
3. La météo prévoit des orages violents ____________ le nord du pays ____________ demain matin.
4. Les dégâts causés ____________ la grêle sont estimés ____________ plusieurs millions.
5. ____________ le denier tremblement de terre, des milliers de personnes ont été laissées ____________ abri.
6. La forêt de pin est en feu mais heureusement le village est ____________ de l'incendie et les habitants peuvent rester ____________ eux.

4 Tu regardes les informations à la télé. Mets les phrases du journaliste à la voix passive.

1. Un éclair a causé cet incendie.
   ____
2. L'incendie a ravagé la forêt des Ardennes.
   ____
3. Un tremblement de terre a secoué la ville de Fréjus.
   ____
4. Les habitants ont immédiatement donné l'alerte.
   ____
5. Un cyclone a détruit tout un quartier de la ville.
   ____
6. La grêle a abîmé plusieurs voitures.
   ____

5 Réponds logiquement aux questions en utilisant des structures comparatives.

Qu'est-ce qui est plus dangereux ...?

1. ... un glissement de terrain ou un avalanche?

____

2. ... un cyclone ou un ouragan?

____

3. ... un tremblement de terre ou un raz de marée?

____

Qu'est-ce qui arrive le plus souvent dans ta région ...?

4. ... des incendies ou des inondations?

____

5. ... des orages ou des tempêtes de neige?

____

6. ... de la grêle ou de la neige?

____

7. ... des tornades ou des éruptions volcaniques?

____

6 Tu regardes la télévision, mais le son ne marche pas. Tu t'improvises journaliste et tu rapportes les nouvelles. Utilise les expressions d'**Exprimons-nous** pour expliquer la cause de chaque événement.

1. ____

____

2. ____

____

3. ____

____

4. ____

____

Nom ______________________ Classe ____________ Date ______________

7 GÉOCULTURE Complète chaque phrase avec l'endroit qui manque.

1. ______________________________ est le siège de l'Union européenne.
2. ______________________________ sont les montagnes les plus hautes d'Europe.
3. ______________________________ abrite un musée océanographique exceptionnel où on peut découvrir une faune marine variée.
4. Le lac ______________________________ en Suisse est réputé pour sa beauté et attire depuis toujours beaucoup d'artistes et d'écrivains.
5. ______________________________ est connue pour ses édifices du Moyen Âge, ses canaux et sa dentelle.
6. Le Grand Prix de Monaco est une course automobile qui a lieu chaque année dans la ville et le port de ______________________________.

8 FLASH CULTURE Indique si les phrases suivantes sont **vraies (v)** ou **fausses (f)**.

_____ 1. Il y a souvent des avalanches en Belgique.

_____ 2. La fonte des glaciers cause parfois des glissements de terrain en Suisse.

_____ 3. Un des buts du Protocole de Kyoto est de réduire les émissions de gaz à effet de serre.

_____ 4. La Suisse n'a pas signé le protocole de Kyoto.

_____ 5. La Belgique, la Suisse et Monaco veulent promouvoir l'utilisation des voitures électriques.

9 COMPARAISONS Quotidiennement, tu utilises des objets qui ont une minuterie. Nommes-en deux et explique à quoi sert leur minuterie et comment elle fonctionne.

____

____

____

____

____

____

Nom ______________________ Classe ____________ Date ____________

Notre planète

CHAPITRE 7

VOCABULAIRE 2/GRAMMAIRE 2

10 Trouve les mots et expressions que ces phrases définissent dans la grille.

1. produits qu'on jette à la poubelle
2. utilisation d'un produit comme l'aluminium une deuxième fois
3. la nature
4. énergie qui vient du soleil
5. situation qui existe quand il y a du pétrole dans l'eau de la mer
6. conséquence d'avoir coupé trop d'arbres
7. produits toxiques dans les eaux ou dans l'air
8. machine qui utilise la force du vent pour produire de l'énergie
9. la préservation
10. produits chimiques utilisés dans l'agriculture
11. réchauffement de l'atmosphère
12. personne qui travaille pour conserver l'environnement

```
A R D É C H E T S G M E R T O
S E E N V I R O N N E M E N T
R C D E C H E T S C I E L T E
H Y N R F R E C Y C L A G E A
Y C O G S O L E I L P R C T N
B L R I A R B R E S E G S E R
R A D E F F E T D E S E R R E
I G S S E A U G H J T Y U I C
D É F O R E S T A T I O N J Y
E O U L R T Y I P O C S D G C
T U L A R G U É O L I E N N E
E M A I Y E p T G S D E S T A
R M A R É E N O I R E R U E G
R C E E L U N E L T S S D F E
E D I U H É C O L O G I S T E
S N U A G E P O L L U T I O N
U U Y C O N S E R V A T I O N
```

11 Alice habite près de Genève et elle discute au téléphone avec son amie Chloé. Complète les phrases avec la forme correcte des verbes entre parenthèses.

1. Quand je ______________________ (aller) à Genève, je prends le train.
2. Ici, tout le monde se promène au bord du lac quand il ______________________ (faire) beau.
3. Lorsqu'ils ______________________ (travailler), les Genevois prennent le bus.
4. Dès que Marc ______________________ (avoir) le temps, nous irons skier.
5. Lorsque tu ______________________ (venir) nous rejoindre, nous mangerons des fondues tous les jours!
6. Demain matin, je ferai du jogging dès que je ______________________ (se réveiller).

12 Manon et Ariane parlent des problèmes d'énergie. Complète leurs phrases avec la forme correcte des verbes **craindre, éteindre** et **peindre.**

1. Les savants ______________________ un réchauffement de la terre et ils ______________________ un tableau plutôt pessimiste.
2. Ils n'ont pas tort! Je ______________________ que nous ayons déjà trop gaspillé.
3. Maintenant j'______________________ toujours la lumière quand je quitte une pièce.
4. Chez moi, mes parents ______________________ le chauffage la nuit.
5. Ils ne ______________________ pas que vous tombiez malade?
6. Pas du tout! Ma mère ______________________ que nous n'______________________ pas nos lumières et que mon petit frère de cinq ans ______________________ sur les murs du salon. C'est tout.
7. Ton petit frère ______________________ sur les murs? C'est pas cool!

13 Qu'est-ce qui va se passer dans le futur? Utilise les indices suivants pour dire ce que tu crois qui va arriver dans le futur.

1. (l'énergie solaire) ____
____
2. (le réchauffement de l'atmosphère) ______________________________
____
3. (la pollution) ____
____

14 Tu veux améliorer la planète. Utilise les conjonctions données pour écrire des courtes publicités basées sur les images.

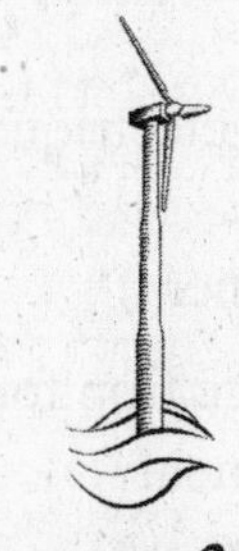

1. pour que

____

____

2. à moins que

____

____

3. afin que

____

____

4. pourvu que

____

____

15 À ton avis, quelles sont les ressources naturelles de ton état ou ta région qui sont en danger? Qu'est-ce qu'il faut faire pour les protéger? Écris un paragraphe pour répondre à ces questions. Utilise des conjonctions dans ta réponse.

____

____

____

____

____

____

____

____

____

16 Il y a des gestes importants qui permettent d'économiser de l'énergie et de réduire les émissions de gaz à effet de serre. Fais-tu les bons gestes? Pour le savoir, fais ce test!

_____ 1. Tu quittes une pièce, tu éteins la lumière et les appareils électriques (TV, radio, ordinateur…).
a. toujours b. parfois c. rarement

_____ 2. Chez toi, tu portes un pull pour ne pas mettre le chauffage trop fort.
a. toujours b. parfois c. rarement

_____ 3. Pour ta toilette, tu prends une douche rapide.
a. toujours b. parfois c. rarement

_____ 4. Tu n'utilises de l'eau chaude que quand c'est vraiment nécessaire.
a. toujours b. parfois c. rarement

_____ 5. Tu évites de gaspiller du papier.
a. toujours b. parfois c. rarement

_____ 6. Quand tu fais des courses, tu achètes des produits qui respectent l'environnement.
a. toujours b. parfois c. rarement

_____ 7. Tu recycles tes déchets (bouteilles plastiques, papier, verre…).
a. toujours b. parfois c. rarement

_____ 8. Piles électriques, médicaments, boîtes en plastique… Tu ne les jettes pas dans ta poubelle.
a. toujours b. parfois c. rarement

_____ 9. Pour les petits trajets, tu y vas le plus souvent à vélo ou à pied.
a. toujours b. parfois c. rarement

Tu as répondu «a» à toutes les questions? Bravo! Tu fais les bons gestes. Donne quatre nouvelles suggestions pour améliorer l'environnement. Tu ne fais pas toujours le bon geste? Change tes mauvaises habitudes! Prends quatre résolutions et écris-les.

1. ____
____
2. ____
____
3. ____
____
4. ____
____

RÉVISIONS CUMULATIVES

17 Complète les phrases logiquement avec des mots de la boîte.

éclairs	**estimés**	**dû**	**empiré**
donc	**incendie**	**quelques**	**déforestation**

Notre région a beaucoup changé pendant les dernières 10 années. La forêt a disparu (1) ______________________ d'abord à la (2) ____________________. On a coupé presque la moitié des arbres. (3) ______________________ années plus tard, il y a eu un orage terrible. Des (4) ______________________ ont frappé des lignes électriques. Un (5) ______________________ a détruit le reste de la forêt et les dégâts ont été (6) ______________________ à plusieurs millions de dollars. La région n'a jamais pu se remettre.

18 Jérôme donne son avis sur l'écologie. Complète les phrases avec la forme correcte des verbes entre parenthèses.

1. Il y aura moins de pollution dans l'air lorsque les voitures seront hybrides et ______________________ (consommer) moins d'essence.
2. Il y aura moins de déchets dès qu'on ______________________ (recycler) systématiquement.
3. Quand les éoliennes ______________________(être) populaires, on économisera du gaz.
4. On conservera de l'énergie quand on ______________________ (équiper) les maisons de panneaux solaires.
5. On polluera moins dès qu'on ______________________ (développer) les énergies renouvelables.

19 Quelles sont les causes des dégâts les plus importants: les désastres naturels ou les activités de l'homme? Ou est-ce qu'il y a un rapport entre les deux? Écris un paragraphe pour donner ton avis.

____

____

____

____

____

____

20 Simon et Clément sont allés camper le week-end dernier. Mais ont-ils respecté la nature? Écris une lettre pour leur expliquer les conséquences de leurs actions.

____

____

____

____

____

____

____

____

21 Imagine que tu viens de visiter un pays ravagé par un désastre naturel. Écris un article dans lequel tu décris le désastre et les dégâts. Fais des comparaisons entre ce que tu as vu et des images que tes lecteurs connaissent pour qu'ils comprennent bien la situation.

____

____

____

____

____

____

____

____

____

Nom ______________________ Classe ____________ Date ____________

La société

CHAPITRE 8

VOCABULAIRE 1/GRAMMAIRE 1

1 Choisis le mot qui n'appartient pas à chaque liste.

_____ 1. a. le candidat c. la loi
b. la campagne électorale d. les affiches

_____ 2. a. le premier ministre c. le sénateur
b. le président d. l'urne

_____ 3. a. la manifestation c. le sénateur
b. le parlement d. le député

_____ 4. a. le discours c. le candidat
b. le débat d. le régime politique

_____ 5. a. la démocratie c. le sénateur
b. la dictature d. la monarchie

2 Écris cinq phrases en utilisant les mots suivants.

1. le candidat ______________________________
2. le débat ______________________________
3. le sénateur ______________________________
4. la loi ______________________________
5. la démocratie ______________________________

3 Complète chaque phrase logiquement.

_____ 1. Pour ma part...
_____ 2. Je ne partage pas...
_____ 3. J'ai entendu dire que le président...
_____ 4. Il y a peu de chance...
_____ 5. À ce que l'on prétend...
_____ 6. À supposer que ce soit vrai...

a. le premier ministre aurait été hospitalisé pendant le week-end.
b. allait donner le droit de vote à tous les immigrés.
c. je trouve que l'on devrait pouvoir voter à 15 ans.
d. tous les journaux en auraient parlé.
e. du tout ton point de vue.
f. qu'il convainque les électeurs.

Nom ______________________ Classe ____________ Date ____________

4 Regarde les illustrations. Décris-les en une ou deux phrases.

campagne électorale / candidat ______________________

____

____

bulletin de vote / urne ______________________

____

____

parlement / sénateurs / députés / lois ______________________

____

____

manifestations / agriculteurs / grèves ______________________

____

____

5 Complète les phrases suivantes avec la forme correcte du pronom relatif **auquel**.

1. Le débat ____________ il a participé était passionnant.
2. Une dictature est un régime dans ____________ le droit de vote n'est pas toujours respecté.
3. La politique est une chose ____________ je m'intéresse beaucoup.
4. Le ministre pour ____________ il travaille vient de donner sa démission.
5. Jean parle d'un candidat. Mais ____________ parle-t-il?
6. Si tu dois en choisir une, ____________ de ces candidates préfères-tu?
7. Les manifestations ____________ j'ai assistées se sont passées calmement.
8. En ce moment, il y a beaucoup de grèves dans la fonction publique; alors, ____________ parles-tu?

6 Complète la conversation de Monsieur Martin et de Madame Dumont en mettant les verbes entre parenthèses au **passé du subjonctif.**

M. Martin Je suis content que le président (1) ______________ (s'adresser) à la nation et qu'il (2) ______________ (confirmer) sa candidature.

Mme Dumont C'est dommage qu'il (3) ______________ (ne pas donner) plus de détails sur son programme.

M. Martin Il est probable qu'il (4) ______________ (se rendre compte) que les journalistes ne le soutenaient pas.

Mme Dumont Bien que je (5) ______________ (ne jamais voter) pour lui, je comprends que vous l'(6) ______________ (toujours soutenir).

7 Tous les matins en te levant, tu écoutes la radio et les titres de l'actualité. Complète les phrases suivantes avec l'adverbe qui correspond à l'adjectif entre parenthèses.

1. Le candidat a ___________ (poli) refusé de répondre aux questions trop indiscrètes des journalistes.
2. Les sénateurs ont ___________ (rapide) ratifié la nouvelle loi sur l'emploi.
3. Le premier ministre a eu un accident. ___________ (heureux) le ministre n'a pas été blessé.
4. La manifestation des fonctionnaires s'est déroulée ___________ (calme). Les manifestants se sont conduits ___________ (prudent) et la police n'est intervenue que ___________ (rare).

8 Regarde ces images et explique ce qui se passe.

(premier ministre / cabinet)

(débat / assemblée)

1. ____
2. ____

9 GÉOCULTURE Dis si les affirmations suivantes sont vraies (v) ou fausses (f).

_____ 1. Les Helvètes, tribu celtique, ont donné leur nom à la Belgique.

_____ 2. Monaco était le centre politique de l'empire de Charlemagne.

_____ 3. Le Traité de Westphalie a accordé l'indépendance à la Suisse.

_____ 4. En 1297, François Grimaldi a établi la souveraineté de la famille Grimaldi qui règne toujours à Monaco.

_____ 5. Au XIXe siècle, la Belgique a fait la révolution au Congo.

_____ 6. La victoire des alliés à la bataille des Ardennes a contribué à mettre fin à la Deuxième guerre mondiale.

_____ 7. Rainier III de Monaco a épousé une princesse russe.

_____ 8. Les femmes n'ont toujours pas le droit de vote en Suisse.

_____ 9. La Suisse est devenue membre de l'Organisation des Nations unies.

10 FLASH CULTURE Réponds aux questions suivantes avec des phrases complètes.

1. Combien de pays font partie de l'Union Européenne?

____

2. Quel est le but de l'Union Européenne?

____

3. Combien y a-t-il de communautés ethniques en Belgique?

____

4. Comment le roi belge a-t-il résolu les conflits entre Wallons et Flamands?

____

5. Comment est divisée la Suisse?

____

6. De quoi s'occupe le gouvernement fédéral suisse?

____

11 COMPARAISONS Comment devient-on juge en France et aux États-Unis? Quel système préfères-tu? Pourquoi?

____

____

____

____

La société

VOCABULAIRE 2/GRAMMAIRE 2

12 Tu vas voyager en France cet été. Es-tu prêt(e) et connais-tu le système français? Complète les phrases suivantes.

1. Quand tu conduis, la police peut t'arrêter et demander à voir ton ______________________.
2. Si tu vas trop vite en voiture, tu auras une ______________________.
3. Quand il y a un accident, le policier dresse un ______________________.
4. Quand on voyage, il faut toujours avoir son ______________________ ou sa ______________________ avec soi.
5. Si tu perds tes ______________________, tu dois aller au commissariat pour faire une déclaration de perte.
6. Pour faire refaire tes papiers, tu dois aller à la ______________________.
7. Sur tes papiers d'identité, il doit y avoir ta ______________________ et ta ______________________.

13 Souligne chaque mot qui n'appartient pas au groupe. Puis avec les trois mots qui vont ensemble, écris une phrase.

1. blessé	député	urgence	ambulancier
2. voleur	policier	prison	chambre
3. mairie	sénateur	caserne de pompiers	commissariat
4. pompier	hôtel	incendie	sirène
5. police	voleur	candidat	commissariat

1. ____
2. ____
3. ____
4. ____
5. ____

14 Qu'est-que tu fais dans les circonstances suivantes?

1. Il y a un incendie dans ta maison. ____
2. La voiture devant toi a un accident. ____
3. Quelqu'un prend ton sac et part en courant. ____

15 Regarde ces images et explique ce qui se passe. Utilise des adverbes.

1. (accident / pas grave / blessé)

2. (voleur / police / difficile)

2. (pompier / malheureux / incendie)

4. (ambulance / sirène / rapide)

1. ______________________________
2. ______________________________
3. ______________________________
4. ______________________________

16 Frank est étudiant; il adore voyager mais il n'a pas beaucoup d'argent. Alors il rêve! Reconstruis les phrases suivantes en utilisant le **conditionnel**. Fais les changements nécessaires.

1. Si / avoir/ je / de l'argent / voyager / je

____

3. tour du monde / je / faire

____

4. Afrique / aller / je / et / animaux / voir / je / sauvage

____

5. marchés / se promener / je / et / acheter / je / souvenirs

____

6. envoyer / cartes postales / je / à mes amis

____

Nom ______________________ Classe ____________ Date ______________

17 Quelles sont les nouvelles? Lis les phrases ci-dessous et mets les verbes entre parenthèses au **futur** ou au **conditionnel**.

1. Un incendie a éclaté dans les Landes et menace plusieurs habitations. Si l'incendie se propage, les habitants ____________ (devoir) quitter leurs maisons.
2. Quand la police ____________ (attraper) le voleur, celui-ci ira tout droit en prison.
3. Un accident dans le centre-ville a bloqué le trafic. Si c'était grave, nous ____________ (entendre) les sirènes. La police et le SAMU ____________ (être) sur les lieux.
4. Si les fonctionnaires sont en grève demain, on ____________ (voir) beaucoup de manifestations.
5. Si ce journaliste n'avait pas de visa, il ne ____________ (pouvoir) pas entrer dans ce pays.

18 Complète cette conversation de manière logique avec la forme correcte des verbes **vaincre** ou **convaincre**.

1. Je suis ____________ que la droite ____________ aux prochaines élections.
2. Nous sommes ____________ que tu te trompes.
3. Pendant la dernière campagne électorale, ton candidat a essayé de ____________ les électeurs de voter pour lui. Je dois te dire qu'il ne m'____________.
4. François serait un bon politicien s'il ____________ sa timidité!
5. La nouvelle loi sur le temps de travail n'est pas populaire, et ce n'est pas le président qui nous ____________!

19 Au bureau, c'est chacun pour soi! Complète chacune des phrases suivantes avec **chacun** ou **chacune**.

1. Quand on arrive, ____________ d'entre nous doit mettre un badge.
2. Dans ____________ des bureaux, il y a deux ordinateurs.
3. ____________ des personnes qui travaille avec moi a moins de trente ans.
4. Le patron a trois secrétaires: Julie, Céline et Claire. Il a augmenté ____________ d'elles le mois dernier.
5. Pour venir travailler, ____________ des employés prend sa voiture.

Nom ______________________ Classe ____________ Date ____________

Lecture

CHAPITRE 8

20 Lis le texte suivant et réponds aux questions.

Le Parlement européen et la Tour de Babel

Le Parlement européen est le corps parlementaire de l'Union européenne. Avec le Conseil des ministres, il compose la branche législative des institutions européennes. Il contrôle aussi l'activité des institutions européennes, supervise la Commission européenne et vote le budget de l'Union européenne. Il siège à Strasbourg. Ce parlement est composé de 732 députés qui sont élus tous les cinq ans directement par les citoyens des 25 pays de l'Union européenne. L'Union européenne représente environ 450 millions de personnes.

On compare parfois le Parlement européen à la Tour de Babel, du fait du nombre de langues parlées dans ses murs. En effet, les 25 pays de l'Union représentent des ethnies diverses qui s'expriment dans des langues très différentes. Les députés européens qui sont élus représentent leurs électeurs et n'ont pas nécessairement des connaissances linguistiques. C'est pourquoi chacun d'entre eux s'exprime dans sa propre langue au cours des réunions. Le Parlement européen a aujourd'hui 20 langues officielles, ce qui donne 380 combinaisons linguistiques possibles. Dans toutes les réunions parlementaires, les interprètes doivent transmettre fidèlement le message de chaque orateur dans les 20 langues officielles de l'Union européenne. On comprend pourquoi le parlement européen est le plus grand employeur d'interprètes dans le monde, avec 350 interprètes permanents, auxquels s'ajoutent 400 "freelancers" pendant les périodes de surcharge. Quand la Roumanie et la Bulgarie rejoindront l'Union Européenne en 2007, il y aura 22 langues officielles! Par ailleurs, l'Espagne a proposé d'ajouter le catalan, le galicien et le basque...

1. Où siège le Parlement européen?

   ____

2. Combien y a-t-il de députés au Parlement européen?

   ____

3. Quel est le rôle du Parlement européen?

   ____

4. Combien de langues officielles y a-t-il au Parlement européen?

   ____

5. Comment les députés peuvent-ils se comprendre et communiquer entre eux?

   ____

Nom ______________________ Classe ____________ Date ______________

RÉVISIONS CUMULATIVES

CHAPITRE 8

21 Quatorze mots sont cachés dans cette grille. Trouve-les et écris-les. Note les lettres entourées d'un cercle et déchiffre ce qui est inscrit au bas de la page.

G O U B É R M S A R T Y M S G F
A R T M A N I F E S T A T I O N
D I R I C T I O N S S Y J N U H
S C A N D I D A T Q É E E F V D
C R S I D E É T É T N U J G E S
A A É S A L P E L S A N T Y R D
B Q N T R A U D E R T A E B N C
I U A R S F T I C T E T U R E B
N R T E C S É N T F U I A A M B
E T E S N F P T I H R O S D E E
T G U E E A U T O P I N I O N D
S V R I T U T E N E E T G N T F
S O N D A G E E A S F X A R Y Y
V B S F C Z C B U L L E T I N G
N Y É L E C T E U R N D A N I Z

1. M _ _ _ _ _ _ ■ _ _ _ _ _

2. _ _ _ _ ■ _ T

3. _ I _ _ _ ■ _ _ _ _

4. ■ _ _ _ _ O _

5. ■ _ _ _ _ _ E

6. _ _ ■ _ _ _ I _

7. _ _ B _ _ ■ _

8. _ ■ _ _ _ _ _ R _

9. D _ ■ _ _ _

10. _ _ _ C _ _ _ ■

11. _ A _ ■ _ _

12. _ _ ■ V _ _ _ _ _ _ _ ■

13. S _ _ _ _ _ ■ _

14. _ L _ _ _ _ _ ■

_ _ _ _ _ _ _ _ _ _ _ _ _ Q _ _

22 Explique comment les choses se passent dans ta classe. Utilise **chacun** et **chacune**. Écris au moins huit phrases.

Chacun des élèves prend le bus pour venir en cours... ______________

23 Tu es journaliste et tu écris un article sur les élections présidentielles. Explique qui sont les candidats et ce qu'ils vont faire pendant leur campagne pour essayer de convaincre les électeurs de voter pour eux.

Nom ______________________ Classe ____________ Date ____________

L'art en fête

CHAPITRE 9

VOCABULAIRE 1/GRAMMAIRE 1

1 Identifie le terme qui ne va pas avec les autres dans chacune des listes suivantes.

1. sculpture / modèle / palette / statue
2. chevalet / tableau / poterie / toile
3. gravure / croquis / tableau / tube de peinture
4. aquarelle / critique d'art / peinture abstraite / nature morte
5. vernissage / œuvre d'art / peinture / sculpture

2 Regarde les images et complète les phrases suivantes logiquement.

1.

2.

3.

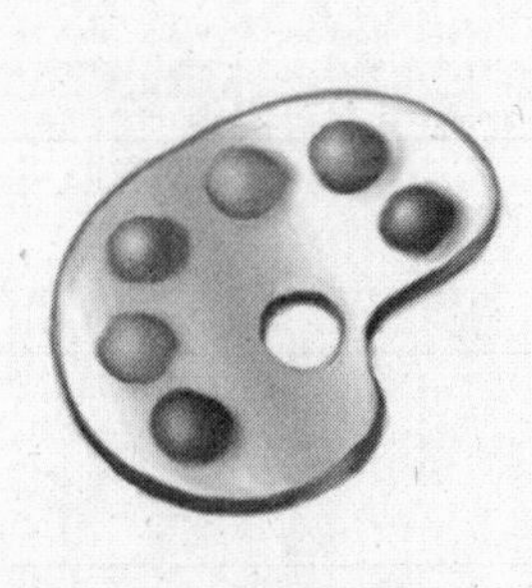

4.

5.

6.

1. Au musée d'art moderne, on peut admirer de nombreuses ______________________.
2. Dans un musée, il y a des ______________________.
3. Beaucoup d'artistes exposent leurs œuvres dans des ______________________.
4. Le peintre a emporté son chevalet et sa ______________________ pour peindre dans la nature.
5. Beaucoup de peintres ont peint leur ______________________.
6. L'artiste a souvent recours à un ______________________ pour peindre.

VOCABULAIRE 1/GRAMMAIRE 1

3 Louis est à une exposition et il pose beaucoup de questions à l'un des artistes présents. Utilise l'inversion.

Louis ____

L'artiste Je m'appelle Vincent Pinon.

Louis ____

L'artiste Je peins depuis l'âge de douze ans.

Louis ____

L'artiste Je suis allé à l'école des beaux-arts.

Louis ____

L'artiste Non, c'est la première fois que j'expose mes peintures.

Louis ____

L'artiste Je préfère la peinture à l'huile.

4 Rebecca vient d'aller passer trois semaines en France. Elle répond à toutes les questions par l'affirmative. Écris ses réponses.

1. Tu n'es pas allée à Paris?

____

2. Tu as vu la tour Eiffel?

____

3. Tu n'as pas visité le Musée Rodin?

____

4. Tu n'as pas eu le temps de faire des courses?

____

5. Tu as dîné dans des restaurants sympas?

____

6. Tu n'as pas fait de tour en bateau sur la Seine?

____

7. Tu n'es pas allée sur les plages normandes?

____

5 Julie et Laurent reviennent d'une exposition. Complète leur dialogue avec l'adjectif verbal du verbe entre parenthèses.

Julie Cette exposition était très (1)___________ (intéresser), mais plutôt (2) ___________ (fatiguer).

Laurent J'ai trouvé les peintures de cet artiste (3)___________ (fasciner)

Julie J'ai préféré ses aquarelles: ses paysages sont (4) ___________ (reposer)

Laurent J'ai aussi bien aimé ses scènes de la vie quotidienne. Elles sont toutes (5) ___________ (émouvoir)!

Julie Quelle belle exposition! C'est dommage que le guide soit si (6) ___________ (ignorer) et (7) ___________ (énerver).

Laurent Pas du tout. Il essayait juste d'être (8) ___________ (amuser).

6 Avec un(e) ami(e), tu viens d'aller voir une exposition. En sortant vous discutez. Écris votre conversation. Utilise les expressions de la boîte.

Il n'est pas mal.	**Surprenant...**	**Comment tu trouves...**
Ce n'est pas mon style.	**Je l'ai trouvé passionnant...**	**Cette exposition t'a-t-elle plu?**
À propos...	**Quel est ton avis sur...**	**Qu'est-ce que tu penses de...**

____

____

____

____

____

____

____

____

____

____

____

7 GÉOCULTURE Souviens-toi de ce que tu as lu et choisis la bonne réponse.

1. L'île de la Réunion continue à s'agrandir grâce au(x) ___________.
   a. volcan b. constructions c. coraux
2. La Martinique vient du mot «arawak» qui veut dire ___________.
   a. l'île aux iguanes b. l'île aux fleurs c. l'île aux mangues
3. À la Guadeloupe, dans la réserve Cousteau, on trouve une impressionnante variété de ___________.
   a. coraux b. lézards c. fleurs
4. Tahiti est une île située ___________.
   a. en Polynésie b. aux Antilles c. au sud de Terre Neuve
5. La Guyane est à 95% ___________.
   a. un désert b. une forêt c. un marais
6. La France lance les fusées Ariane de ___________.
   a. La Réunion b. La Polynésie c. La Guyane

8 FLASH CULTURE Indique si les phrases suivantes sont vraies **(v)** ou fausses **(f)**.

_____ 1. Les tapas sont des légumes que l'on cultive à Tahiti.

_____ 2. Paul Gauguin est un peintre français qui a vécu à Tahiti.

_____ 3. Le Zouk vient des Antilles.

_____ 4. Les danses traditionnelles représentent des scènes de la vie quotidienne.

_____ 5. Dans les îles Marquises, les danses en couple n'existent pas.

9 COMPARAISONS Y a-t-il un musée dans ta ville ou dans ta région? Quels sont les jours et les heures d'ouverture? Ferme-t-il les mêmes jours que les musées nationaux français?

____

____

____

____

____

____

Nom ______________________ Classe ____________ Date ______________

L'art en fête

CHAPITRE 9

VOCABULAIRE 2/GRAMMAIRE 2

10 Associe chaque illustration à une description. Dis de qui on parle.

a. b. c. d. e.

_____ 1. J'adore la dance. J'ai toujours révé de faire des spectacles.

____

_____ 2. «Suivez-moi, Vos sièges sont par ici».

____

_____ 3. Les enfants l'adorent. Et les adultes aussi.

____

_____ 4. Il dirige l'orchestre.

____

_____ 5. Ils chantent, dansent et applaudissent pendant les spectacles.

____

11 Sylvain voyage à Paris pour la première fois et compare ce qu'il voit. Forme des phrases complètes avec les éléments suivants.

1. opéra Garnier / être / + / ancien / opéra Bastille

____

2. obélisque / être / - / haut / tour Eiffel

____

3. je / trouver / ce restaurant / + / bon / ce café

____

4. il y a / = / monde / musées / magasins

____

5. je / penser que / jardin du Luxembourg / être / = / agréable / parc des Tuileries

____

12 Tu vas passer tes vacances chez ton(ta) correspondant(e). Il/Elle te recommande des spectacles. Complète les phrases en utilisant le vocabulaire de la boîte.

ne va pas voir...	**je te recommande...**	**Il est nul**	**ça vaut la peine d'...**
ça ne vaut pas la peine d'...	**surtout va voir...**	**ça ne vaut pas le coup...**	

1. Le mois prochain, il y aura une exposition d'un peintre français très connu. Comme tu aimes la peinture, je crois que ______________________ y aller.
2. ______________________ le Cirque du Soleil. Il ne viendra que pour un week-end et ______________________ de faire des réservations.
3. Par contre, ______________________ le dernier film sur la guerre dans les Balkans. ______________________ et ______________________ y aller.
4. Le nouveau groupe qui joue dans le club du quartier n'est pas aussi bon que le précédent et ______________________ de se déranger.

13 C'est la fin de l'année scolaire à l'école des *Arts en musique*. Il y a dans la classe une boîte pleine d'objets trouvés et ton prof a décidé de s'en débarrasser. Il demande à qui appartiennent les choses suivantes. Complète les phrases avec le pronom démonstratif qui convient.

1. À qui appartient ce livre sur Matisse?
   C'est ____________ de Patrick.
2. ... et cette palette?
   C'est ____________ de Raphaël.
3. ... et ces tubes de peinture?
   Ce sont ____________ de Nicolas.
4. ... et ces lunettes de soleil?
   Ce sont ____________ de Clotilde.
5. ... et ce violon?
   C'est ____________ de Céline.
6. ... et cette flûte?
   C'est ____________ de Florence.

14 Le professeur de danse discute avec ses élèves du métier de danseuse. Complète ses phrases avec la forme correcte de **connaître** ou de **savoir**.

1. ____________________-vous Elisabeth Pratel? Elle a été danseuse étoile à l'opéra de Paris pendant très longtemps.
2. ____________________-vous comment on devient danseuse à l'opéra de Paris?
3. ____________________-on les petits rats de l'opéra aux États-Unis?
4. Un petit rat doit ____________________ très bien danser.
5. Marc, ____________________-tu que tu peux aller voir un spectacle de l'école de danse de l'opéra de Paris?
6. Lesquels d'entre vous ____________________ danser?

15 À Paris, Jean-Louis est allé à l'opéra et Léa est allée voir une comédie musicale. Quels spectacles ont-ils vus? Quelle était l'histoire? Qu'est-ce qu'ils ont pensé de leur soirée? Écris leur conversation. Utilise des comparatifs et des superlatifs.

____
____
____
____
____
____
____
____
____
____
____
____
____
____
____

LECTURE

16 Lis le texte suivant, puis réponds aux questions.

La Fête de la musique

Dans de nombreux pays, la Fête de la musique est célébrée chaque année le 21 juin. Cette fête a été imaginée en 1981 par Maurice Fleuret, journaliste et critique musical, qui était alors directeur de la musique et de la danse au Ministère de la Culture. Elle a été popularisée par Jack Lang qui était le ministre de la culture. La première Fête de la musique a eu lieu en France le 21 juin 1982.

La date du 21 juin a été choisie car c'est le premier jour d'été et aussi le jour le plus long de l'année (solstice). Dans l'antiquité, cette date symbolisait le sacre de la Nature; des fêtes païennes dédiées à la Nature ou aux moissons étaient célébrées le jour du solstice. Plus tard, ces fêtes ont été remplacées par des fêtes chrétiennes avec notamment les feux de la Saint Jean!

La Fête de la musique a connu un succès immédiat. Sous le slogan, *« Faites de la musique »*, les musiciens professionnels ou amateurs se sont produits bénévolement dans les rues. Grâce aux nombreux concerts gratuits, cette manifestation a permis à un large public d'accéder à des musiques de tous genres (musique classique, jazz, rock, world music, etc.).

Cette fête s'est aujourd'hui complètement internationalisée: en moins de 20 ans, elle s'est diffusée dans plus de 110 pays sur les 5 continents. Alors, le 21 juin prochain, fais comme ces millions de musiciens et sors tes instruments de musique. Joue et chante avec tes amis!

1. Qui a eu l'idée de faire une Fête de la musique?

   ____

2. Où et quand a eu lieu la première Fête de la musique?

   ____

3. Quelle fête célébrait-on dans l'antiquité le 21 juin?

   ____

4. Quel est le slogan de la Fête de la musique?

   ____

5. Est-ce que la plupart des concerts sont payants ou gratuits le 21 juin?

   ____

6. Est-ce que la Fête de la musique est restée une fête exclusivement française?

   ____

17 Imagine que tu visites le musée du Louvre. Qu'est-ce que tu penses des salles que tu visites? Aide-toi du plan ci-dessous.

Musée du Louvre

Antiquités *Égyptiennes*	***Antiquités*** *Grecques, Étrusques, Romaines*	***Sculptures***	***La Renaissance Italienne*** *Fra Angelico, Véronèse, De Vinci (La Joconde)...*	***Peintures*** *Fragonnard, Watteau, Clouet, Delacroix, Goya, Dürer, Vermeer, Rubens...*

____

____

____

____

____

____

____

18 De retour de vacances, tes amis te parlent de leurs vacances. Regarde les images ci-dessous et pose une question à chaque personne. Utilise l'inversion.

Léo

Mme Smith

Brian et Kyle

Monica

1. Léo _______________________________________
2. Mme Smith _________________________________
3. Brian et Kyle _______________________________
4. Monica _____________________________________

19 Le cirque est dans ta ville. Tu y es allé avec ta famille. Regarde les images et raconte ta soirée. Dis ce qui t'a plu et ce que tu n'as pas aimé. Donne ton opinion sur le cirque, la vie de la troupe et les animaux du cirque.

Nom ______________________ Classe ___________ Date ___________

Bon voyage!

CHAPITRE **10**

VOCABULAIRE 1/GRAMMAIRE 1

1 Alain parle de son voyage en avion entre Paris et New York. Joins les phrases logiquement.

_____ 1. Entre Paris et New York, il y a...

_____ 2. Avant de prendre l'avion, nous avons...

_____ 3. Dans la cabine, Tristan a voulu s'asseoir...

_____ 4. Avant de décoller, l'hôtesse a...

_____ 5. L'avion a atterri...

_____ 6. Heureusement, le vol Paris/New York est...

a. donné les consignes de sécurité.
b. près du hublot.
c. sans escale.
d. six heures de décalage horaire.
e. sur la piste à l'heure.
f. enregistré nos bagages.

2 Mots croisés.

HORIZONTAL

1. Dans l'avion, j'aime être assis côté_____.
2. Un autre mot pour **voyageur.**
3. Il n'est pas toujours très confortable.
4. Entre Paris et New York, il n'y en a pas.

VERTICAL

5. Elle donne les consignes de sécurité.
6. C'est la place du commandant de bord.
7. C'est l'endroit où sont les passagers.
8. C'est ce qu'il faut passer quand on arrive à l'étranger.

3 Ahmed et Anissa attendent leur amie Maya à l'aéroport. Complète leur dialogue avec les prépositions qui conviennent.

Ahmed L'avion en provenance (1) _____ Paris devrait bientôt arriver (2) _____ l'aéroport.

Anissa Je ne savais pas qu'il y avait autant de vols chaque jour pour aller (3) _____ Paris (4) _____ Alger. C'est pratique!

Ahmed Maya voyage surtout (5) _____ Afrique. Cet été, elle va aller (6) _____ Algérie, (7) _____ Maroc et (8) _____ Tunisie.

Anissa Ses parents sont (9) _____ Tunis et ils habitent (10) _____ Paris depuis plusieurs années.

Ahmed Je ne savais pas que Maya venait (11) _____ Tunisie. Je croyais qu'elle était (12) _____ Maroc.

Anissa Écoute! On annonce que l'avion (13) _____ Paris vient d'atterrir.

4 Regarde les illustrations et dis de quelle nationalité chaque personne est, dans quelle ville et dans quel pays elle habite.

1. Anne

____

____

2. Edward

____

____

3. Stephen

____

____

4. Sophia

____

____

5 Anne et Sylvie emmènent trois de leurs amies à l'aéroport. Complète les phrases suivantes avec la forme correcte du verbe entre parenthèses.

1. Il faut que vous ______________________ (enregistrer) vos bagages.
2. Je suis désolée que nous ne ______________________ (pouvoir) pas partir avec vous.
3. Joël voudrait que vous lui ______________________ (envoyer) une carte postale du Mali.
4. Il se peut que votre avion ______________________ (être) en retard.
5. Bien que votre vol ______________________ (avoir) un peu de retard au départ, il se peut que vous ______________________ (être) à l'heure à l'arrivée.

6 Complète les phrases avec l'adverbe qui convient.

1. Nous sommes ____________ arrivés (très / déjà)!
2. Manon était fatiguée; elle est rentrée ____________ (très / beaucoup) tard.
3. J'aime beaucoup l'aventure et je voyage ____________(d'habitude / souvent)
4. Alfred a souvent des accidents. À mon avis, il ne conduit pas très ____________ (bien / mal).
5. Je pense que son avion est ____________ (tard / déjà) arrivé.

7 Lis les phrases ci-dessous et complète le tableau.

Destination	Vol	Heure	Porte	Statut
		10h30		
	AF 27			

1. Le vol AF 27 à destination de Lisbonne doit décoller à 11h27. Embarquement immédiat à la porte 16.
2. Le vol IT 78 pour Athènes prévu à 12h50 a une heure de retard. Les passagers devront se présenter à la porte 38.
3. Le vol BA 52 de 15h18 à destination de Rome a été annulé.

8 GÉOCULTURE Indique si les phrases suivantes sont vraies **(v)** ou fausses **(f)**.

_____ 1. Saint-Pierre-et-Miquelon a été concédé à la France en 1690.

_____ 2. L'île de la Réunion s'appelait l'île de Bourbon avant 1793.

_____ 3. Du milieu du XIXe siècle au milieu du XXe siècle, la France a déporté ses prisonniers en Guyane.

_____ 4. En Guyane, les bagnards avaient une vie facile.

_____ 5. Les Martiniquais font souvent du ski sur la montagne Pelée.

_____ 6. Dans les années 60, la France a commencé ses essais nucléaires dans les atolls polynésiens.

_____ 7. Victor Schœlcher a encouragé l'esclavage dans les colonies.

_____ 8. La description de l'île de Tahiti par de Bougainville dans son livre **Voyage autour du monde** a beaucoup influencé les idées des philosophes français.

9 FLASH CULTURE Réponds aux questions suivantes.

1. Qu'est-ce qui attire les touristes français dans les DOM-TOM?

____

2. Peux-tu donner le nom de ces acronymes?

DOM _______________________________________

TOM _______________________________________

POM _______________________________________

3. Peut-on conduire avant 18 ans en France?

____

4. Quelle est l'originalité du permis de conduire français?

____

10 COMPARAISONS Penses-tu que les autoroutes devraient être gratuites? Pourquoi?

____

____

____

____

Nom ______________________ Classe ______________ Date ______________

Bon voyage!

CHAPITRE 10

VOCABULAIRE 2/GRAMMAIRE 2

11 Il y a dix-huit mots de vocabulaire cachés dans la grille. Retrouve-les, puis, choisis dix mots et écris une phrase avec chacun d'eux.

R E C O N D U E S S U I E - G L A C E S

À P O R T I È R E R É U E T R A V A I L

S R F A I R S R I V S I T U R E O R M I

S A F R U E S C O N S U I R E M Y É A R

I E R D F R E I N S E G H J R R A S S F

P L E I N F N S F U N A C N O D G E E S

R A U T E S C E R O C T E S U P E R R C

V I T E S S E C O N E U R E E E T V T A

O F R A L E N V A C G H K R D C S O U U

L A D H Y B R I D E D G P R E S S I O N

A I L K È T Y D P H A R E T S E A R R Y

N R A L E C E E N S G H F R E T C S D G

T A B L E A U D E B O R D E C F V B H I

A I N S I P R T U U I O R S O C A F É S

V A C A N O W S E E M O T E U R G F I F

E T A I N T A S D V F D A D R R S X Y C

C A R T A B L R É T R O V I S E U R O V

1. ______________________________

2. ______________________________

3. ______________________________

4. ______________________________

5. ______________________________

6. ______________________________

7. ______________________________

8. ______________________________

9. ______________________________

10. ______________________________

12 Myriam rêve d'une voiture et en parle souvent! Complète les phrases suivantes en mettant les verbes entre parenthèses au temps qui convient.

1. Je passerai mon permis de quand j' ____________ *(avoir)* 18 ans.
2. Mes parents m'achèteront une voiture quand j' ____________ *(aller)* à l'université.
3. Quand elles seront moins chères, mes parents et moi ____________ *(choisir)* une voiture hybride.
4. Quand mon réservoir ____________ *(être)* vide, je ferai le plein à la pompe à essence de mon quartier.
5. Quand mes parents ____________ *(venir)* me voir à l'université, ils devront réserver une chambre d'hôtel.

13 Julien montre son album de photos et raconte à Caroline les vacances qu'il passait avec sa famille quand il avait dix ans. Regarde les deux dessins et imagine ce que Julien raconte. Utilise le **plus-que-parfait**.

____

____

____

____

____

____

____

____

____

____

____

14 Commérages! Sophie te raconte ce que Marine vient de lui dire au téléphone. Complète les phrases suivantes avec le **plus-que-parfait**.

Marine m'a dit que...

1. ses parents ______________________ (acheter) une nouvelle voiture à son frère.
2. son frère ______________________ (téléphoner) à ses copains pour essayer la voiture.
3. ils ______________________ (tomber) en panne d'essence et qu'ils ______________________ (devoir) pousser la voiture dans un parking.
4. ils ______________________ (ne pas trouver) de pompe à essence et qu'ils ______________________ (se perdre) dans le quartier
5. finalement, ils ______________________ (rentrer) à pied.
6. tout le monde ______________________ (rire).

15 Antonin n'est pas bricoleur... et il fait tout faire. Regarde les images et dis ce qu'il fait faire avant de partir en vacances (deux choses par image – fais preuve d'imagination pour la seconde chose).

1. hier

2. ce matin

3. maintenant

4. demain

1. ____

____

2. ____

____

3. ____

____

4. ____

____

16 Es-tu qualifié pour conduire une voiture? Pour le savoir, passe le test suivant et choisis la meilleure option possible.

1. Avant de démarrer, il faut...
   a. écouter la radio   b. attacher sa ceinture   c. mettre ses lunettes de soleil
2. En conduisant, il faut...
   a. tenir le volant   b. parler au téléphone   c. vérifier le capot
3. Quand il pleut, il faut ...
   a. ouvrir sa fenêtre   b. freiner brusquement   c. mettre les essuie-glaces
4. En traversant les villes, il faut...
   a. klaxonner   b. conduire prudemment   c. conduire rapidement
5. En arrivant à un stop, il faut...
   a. s'arrêter   b. ralentir   c. freiner
6. Quand le feu est vert, il faut...
   a. allumer ses phares   b. enlever sa ceinture   c. démarrer progressivement
7. En arrivant chez soi, il faut...
   a. arrêter le moteur   b. mettre la radio   c. klaxonner
8. Quand on n'a plus d'essence, il faut...
   a. acheter de l'eau   b. changer de vitesse   c. faire le plein
9. Tous les 5.000 kilomètres, il faut...
   a. changer les pneus   b. changer l'huile   c. changer les ceintures
10. Avant de partir en voyage, il faut...
    a. vérifier les pneus   b. passer l'aspirateur   c. klaxonner

Maintenant, compare tes réponses avec celles qui te sont proposées ci-dessous. Compte un point pour chaque réponse qui correspond aux résultats suivants: 1. b, 2. a, 3. c, 4. b, 5. a, 6. c, 7. a, 8. c, 9. b, 10. a.

- Tu as obtenu plus de 8 points: bravo, tu es prêt(e) à conduire!
- Tu as obtenu entre 5 et 8 points: tu as vraiment besoin de prendre des leçons de conduite!
- Tu as obtenu moins de 5 points: ne touche pas au volant et prends le bus!

RÉVISIONS CUMULATIVES

17 Hugo va voir un de ses amis qui habite à Tahiti. Demain il va prendre l'avion et sa mère lui rappelle ce qu'il faut qu'il fasse. Regarde les images et commence toutes tes phrases par: **Hugo, il faut que tu...**

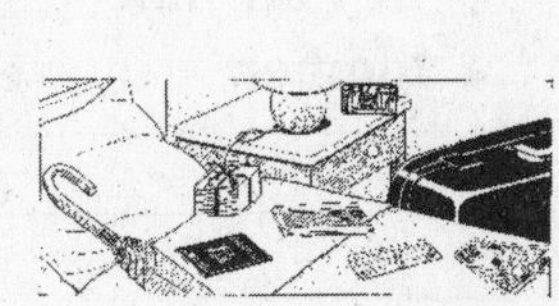

1. ____________________
2. ____________________
3. ____________________
4. ____________________

18 Tu pars en voyage avec ton petit frère. C'est la première fois qu'il prend l'avion et il te pose beaucoup de questions. Imagine ses questions et tes réponses. Utilise le vocabulaire de la boîte.

tour de contrôle	**pilote**	**équipage**	**piste**	**cabine**
commandant de bord	**cockpit**	**hublot**	**hôtesse**	**décoller**
décalage horaire	**douane**	**escale**	**embarquement**	**enregistrer**
vol international	**passagers**	**bagages**	**atterrir**	

____

____

____

____

____

____

____

____

____

____

____

Nom ______________________ Classe ____________ Date ______________

RÉVISIONS CUMULATIVES

19 Arthur et Lucas sont en route pour un match de foot qu'ils ne veulent pas manquer. Soudain leur voiture s'arrête... en panne! Ils sont énervés et impatients car ils veulent arriver au stade avant le début du match. Écris leur conversation.

le plein	**en panne**	**pompe à essence**	**pression des pneus**
pneu à plat	**réservoir vide**	**de l'air dans les pneus**	
faire	**mettre**	**tomber**	**vérifier**

____

____

____

____

____

____

____

____

____

____

20 Tes amis et toi allez partir trois semaines en Bretagne et vous voulez vous assurer que votre voiture ne tombera pas en panne. Qu'est-ce que vous devez faire pour vous assurer que votre voiture marchera bien?

____

____

____

____

____

____

____

____

____

____

____

____

Si tu étais...

Nom ______________________ Classe __________ Date ______________

SI TU ÉTAIS...

CHAPITRE 1

1 Imagine que tu es quelqu'un d'autre. Tu es Français, Sénégalais ou d'un autre pays francophone. C'est le jour de la rentrée dans ton lycée imaginaire. Tu téléphones à ton (ta) meilleur(e) ami(e) pour lui raconter cette première journée. Tu lui donnes ton emploi du temps, tu lui dis quelles sont tes matières préférées et celles que tu aimes le moins, et tu lui expliques pourquoi. Tu parles aussi de tes camarades de classe: combien vous êtes par classe et s'il y a de nouveaux élèves.

2 Tu es de retour de vacances. Parle des endroits où tu es allé(e) et des activités que tu as faites. Raconte une aventure qui t'est arrivée ou qui est arrivée à une personne qui était en vacances avec toi. .

Nom ______________________ Classe __________ Date __________

1 Ta classe imaginaire organise une journée porte ouverte consacrée aux métiers et professions. Chaque élève doit faire une brochure pour décrire deux métiers. Dessine ou colle des photos pour illustrer les deux métiers que tu présentes. Décris-les et explique quelles études et stages il faut faire. Donne au moins deux raisons pour lesquelles ces métiers devraient intéresser les jeunes de ton lycée imaginaire.

Nom ______________________ Classe __________ Date ______________

2 Ton «toi imaginaire» cherche un travail pour l'été, et tu viens de lire une petite annonce dans le journal qui t'intéresse beaucoup. Écris la petite annonce que tu as vue dans le journal. Puis écris une lettre de motivation pour répondre à cette annonce.

1 Tu fais du baby-sitting pour tes voisins imaginaires. Ils ont deux enfants qui ont sept et neuf ans. Il n'y a pas de télévision et les enfants te demandent de leur raconter une histoire! Tu peux choisir de leur raconter une légende ou un conte que tu connais ou bien tu peux imaginer une histoire et inventer un nouveau conte. Illustre ton histoire.

2 Si tu avais une baguette magique, qui voudrais-tu être et qu'est-ce que tu ferais pour changer le monde? Dessine ton monde et raconte en détail ce que tu ferais.

1 Raconte l'histoire d'amour d'un couple imaginaire. Dis comment ils se sont rencontrés et ce qu'ils faisaient ensemble quand ils ont commencé à se voir. Puis explique pourquoi ils s'entendent toujours bien aujourd'hui.

2 Ton(Ta) meilleur(e) ami(e) imaginaire est amoureux/amoureuse! Pourtant il/elle est triste et un peu ennuyé(e) parce que la personne qu'il/elle aime l'ignore complètement et ne le/la regarde même pas quand ils se croisent dans les couloirs du lycée. Peux-tu l'aider à résoudre son problème? Pose-lui des questions sur la personne et selon ses réponses, donne-lui quelques conseils. Utilise les expressions **je suis désolé(e), il faudrait que, il est essentiel que, je veux que, etc.**

1 Dans le parc près de ton «chez toi» imaginaire, certaines choses sont obligatoires, d'autres sont permises ou interdites. Dessine neuf panneaux et indique sous chaque illustration ce qui est obligatoire, permis ou interdit.

2 Le centre d'activités qui est près de ton «chez toi» imaginaire organise un concours pour les lycéens. Chaque lycéen doit écrire une publicité pour vanter les activités qu'offre ce centre. Choisis trois endroits (montagne, mer, ville par exemple) qui permettent aux jeunes de faire des activités différentes.

1 Ton lycée imaginaire vient de créer un journal. Le directeur de ce journal cherche des étudiants qui s'intéressent à l'actualité politique, économique et sportive, à la littérature, aux arts... pour écrire des articles, prendre des photos et faire la mise en page de ce journal. Envoie une lettre au directeur pour demander le poste qui te convient. Dis pourquoi tu t'intéresses à ce poste et quelles sont les qualités que tu possèdes qui font de toi le candidat idéal pour ce poste.

2 Parle de ton émission de télévision imaginaire préférée. Est-ce que c'est un feuilleton, un jeu, une émission de variétés ou un autre genre d'émission? Explique pourquoi tu l'aimes, qui y participe, si tes ami(e)s la regardent aussi, etc. Raconte le dernier épisode que tu as vu et dis ce que tu en as pensé.

1 Les orages sont des spectacles naturels impressionnants qui peuvent être dangereux si tu ne prends pas certaines précautions. T'est-il déjà arrivé d'être pris(e) dans un orage? Qu'est-ce que tu as fait? Qu'est-ce que tu n'as pas fait que tu aurais dû faire? Donne cinq conseils que tout le monde devrait suivre quand il y a un orage.

2 La pollution est un problème important qui nous concerne tous. À ton avis, quand et comment pourra-t-on combattre ce problème de manière efficace? Peux-tu donner au moins cinq solutions qui, si elles sont suivies, changeront et amélioreront l'environnement et la qualité de la vie des habitants de ta communauté?

SI TU ÉTAIS...

1 Ce sont bientôt les élections présidentielles et les citoyens vont devoir élire un nouveau président. Tu n'appartiens à aucun parti politique et tu voudrais voter pour le meilleur candidat. Quelles sont les qualités que tu recherches chez un candidat à la présidence? Fais la liste des dix qualités que tu juges indispensables et dis pourquoi elles sont si importantes à tes yeux.

2 Ton correspondant imaginaire, Travis, vient de passer un mois de vacances très sympas en France chez toi. Deux jours avant de reprendre l'avion pour les États-Unis, il perd son passeport dans Paris. Il ne sait pas quoi faire et il te demande conseil. Explique-lui ce que les Français et les touristes doivent faire en cas de perte de papiers d'identité et donne-lui l'adresse et le numéro de téléphone de l'ambassade et du consulat américain à Paris. Fais des recherches sur Internet.

Nom ______________________ Classe ____________ Date ______________

SI TU ÉTAIS...

1 Musique, peinture, sculpture, architecture... quelle forme d'art te plaît le plus et pourquoi? Présente l'œuvre de ton artiste préféré(e) et explique ce qui est unique chez lui/elle. Cherche sur Internet une illustration de son œuvre que tu colleras sur cette page.

2 Quel est le meilleur spectacle auquel tu as assisté? Qu'est-ce que c'était? Quand et avec qui y es-tu allé? Peux-tu décrire les meilleurs moments de ce spectacle?

1 Ton «toi imaginaire» va prendre l'avion. Où vas-tu? Pourquoi? Raconte ton voyage.

2 Tu rêves d'avoir une nouvelle voiture - originale. Dessine-la et montre où se trouvent les pièces essentielles de cette voiture (*au moins douze*). Explique à quoi ces pièces servent. Fais preuve d'imagination.

1 Pense à ce que tu as appris sur les autres cultures dans ton cours de français pendant l'année scolaire. Quelles différences y a-t-il entre le monde francophone et ta propre culture? Qu'est-ce qui te plaît dans chacune de ces deux cultures et qu'est-ce que tu aimes moins? Grâce à ce que tu as appris cette année, as-tu découvert de nouveaux centres d'intérêt? Revois brièvement chaque chapitre du livre et écris trois paragraphes qui te décrivent, parlent de toi ou te concernent.

2 Félicitations! Au cours de l'année tu as appris à mieux t'exprimer en français. Non seulement tu t'es familiarisé(e) avec la langue française mais aussi avec la culture francophone. Quels sont les avantages que tu as maintenant de pouvoir parler cette langue? En quoi cette connaissance du français pourra-t-elle te servir dans ta profession future ou dans ta communauté? Dans quelle mesure parler plusieurs langues peut-il changer la vie?